四十二章经

释证严 讲述

图书在版编目(CIP)数据

四十二章经/释证严讲述. —上海：复旦大学出版社，2016.8(2023.6 重印)
(证严上人著作·静思法脉丛书)
ISBN 978-7-309-12315-9

Ⅰ.四… Ⅱ.释… Ⅲ.①佛经②《四十二章经》-研究 Ⅳ.B94

中国版本图书馆 CIP 数据核字(2016)第 107095 号

原版权所有者：静思人文志业股份有限公司授权复旦大学出版社出版发行简体字版

慈济全球信息网：http：//www.tzuchi.org.tw/
静思书轩网址：http：//www.jingsi.com.tw/
苏州静思书轩：http：//www.jingsi.js.cn/

四十二章经
释证严　讲述
责任编辑/邵　丹
复旦大学出版社有限公司出版发行
上海市国权路 579 号　邮编：200433
网址：fupnet@ fudanpress.com　http：//www.fudanpress.com
门市零售：86-21-65102580　团体订购：86-21-65104505
出版部电话：86-21-65642845
上海崇明裕安印刷厂

开本 890×1240　1/32　印张 6　字数 99 千
2016 年 8 月第 1 版
2023 年 6 月第 1 版第 2 次印刷
印数 4 101—5 200

ISBN 978-7-309-12315-9/B·578
定价：25.00 元

如有印装质量问题，请向复旦大学出版社有限公司出版部调换。
版权所有　侵权必究

前　言

静思书斋

现代生活已迈入高科技时代，而讲究科技的结果，往往容易使人迷失在制式的度量中，比如：求学时总是在乎成绩高低，科系出路的好坏；求职时也会在乎收入的多寡，升迁的快慢。当一切标准都被量化时，心中的尺度就如一把弹簧秤，时时评量着所获得的报酬，一旦弹性疲乏，人生准则即顿失依止。

在追求效率之下，人与人或人与事的接触、变化，都在瞬息之间；还有更多人因面对丰富多元、快速变迁的社会，而行为处事却有太多模糊的标准，以至于无所适从。要如何在快速短暂的时间中，应对进退都能表现得体，展露个人风范？这需要长期的人文修养，才能在日常生活中，自然显现出与人和谐、对事圆融的态度。

现代人在物质满足之余，常向内心寻求、探讨，于是一些心灵改革的呼声，坊间盛行的心灵系列书籍，大众传媒上的座谈，处处都在说明现代人多么渴望寻求心灵的解梏，找到一条心灵的出口。

佛陀的教化是最佳的心灵导引，以《佛说四十二章经》而言,它是取自佛陀说法中的精要法语。平时,佛陀说法会观机逗教,又多所取譬,所以经文较长;而《四十二章经》文字虽短,意义却很深远,可谓言简意赅,又易于诵读、理解;全经四十二个章节中,已涵盖了佛法中的主要精髓,对于初学者而言,确实是进入浩瀚佛法的一个最佳入门。

对于一般读者而言,本经可说是另一部《论语》,除了能帮助建立个人思想观念,以及行为举止的规范外,更能提醒、教导修学者种种精神层面的观想。比如第十九章中,佛言:"观天地,念非常;观世界,念非常;观灵觉,即菩提。"从天地而世界而灵觉,以浅显渐进的说法,表达出无常的真理,足以让我们从文字中心领神会到那无垠的真理境界。

释尊在西元前六世纪创立佛教,直到西汉时方传入中国,到东汉明帝时(公元六十七年左右),特命大臣到西域(印度)寻求佛法,数年后以白马驮负佛像、经书返回洛阳,并礼请迦叶摩腾(摄摩腾)与竺法兰两位高僧前来翻译。《四十二章经》就是最早期翻译的佛经之一,也是中国官方正式翻译佛经之始。

汉明帝因礼敬佛教,不仅遣使西域求法,在迎佛经回洛阳时,特兴建一座白马寺,供迦叶摩腾与竺法兰等高僧在此专心译经,以后,"寺"便成为佛教殿堂的专有名词。由此可知,当时中国从官方到民间对佛法的渴求,以及敬重佛法的虔诚。

在粗略了解《四十二章经》传入与翻译的背景后,我们知道汉代是中国历史上文学鼎盛时期之一，在当时的文学环境下，也会影响译者译经的写作。综观全经，朴实而不失优美的经文，将佛陀的教法，精辟地一一道来，让学佛者更容易亲近佛法，进而启人智慧，引人行善精进。

本经一开始便明白讲述苦、集、灭、道四大真理，这是修行者修学的基础，也是人生历程中的本质真谛。其中大部分的经文所讲的去恶行善观念，与中国儒家思想非常相近，但佛法更透彻之处在于深入精神层面，有系统地由内在思惟至外在行为，都能清楚指明方向，以引导大众自行化他。

首章清楚说明修行的次第，二、三章主要针对出家众而言，四章以后便普及于一般人的修行方针。而朴实浅白的文字，佛陀生动的譬喻，反复不同层面的谆谆教诲，都在教导我们如何观照自心，进而付诸行为如何去恶修善，发挥自己生命的良能，并且明白指示一条直趋光明、清净的道路，让大众循正路而行，以达清净安乐的境界。

证严上人于一九六六年创立慈济功德会即致力宣扬——将佛法落实于生活中，上人常言："经者，道也；道者，路也。"并从慈善志业开始，济贫教富努力不懈。为了让弟子们能解行并进，所以在二十世纪七十年代，对静思精舍常住众及慈济委员、会员讲述本经大意。当时的社会环境还很单纯，慈济功德会所接触的层面尚仅及于慈善，在文中上人浅显的语意、轻柔的口吻，流露着慈悲的心怀，谆谆讲解着每一个篇章，宣扬着"自净其意、欢喜布施、利益自他"的思想。

而今慈济之路已历经三十四年，再看看遍及全球的慈济人跟随着上人的脚步，踏踏实实地力行菩萨道，上至名流权贵，下至贩夫走卒，人人都能在这里欢喜付出、增长福慧。在慈济世界中，一张张美丽的笑脸，一颗颗无私的爱心，随着志业的发展传遍了五湖四海，而心中谨守的是上人的话："多用心！做就对了！"一如经中所言："博闻爱道，道必难会；守志奉道，其道甚大"，正是佛法实践者的一个贴切注解。

慈济人在无私付出之时，也能遵守上人所定的慈济十戒——不杀生、不偷盗、不邪淫、不妄语、不饮酒、不吸烟（不吸毒嚼槟榔）、不赌博、不违规（遵守交通规则）、不忘本（孝顺父母）、不参与政治活动。这是为了符合现代社会变迁而立下的规范，也许有人觉得在如此诡谲多变的社会，要完全守住这十戒实在很难，但是"有愿就有力"，心中既已立定志向，何难之有？更何况这些规则正是保护自身的清凉法，理应时时自我勉励警策。

阅读佛经需要一颗虔敬之心，但虔诚并不是将它供上佛桌熏香礼拜而已，更要虔诚体会、实践力行。佛陀于《四十二章经》中阐述、教导大众如何从行、住、坐、卧中趋向正道。而证严上人细腻的解说，贴切的诠释，更将本经与现代大众拉近了距离，盼能与阅经读者相互勉励，并分享法喜、同沾法益。

目　录

【前言】

【四十二章经经文】

经　　　序· ● 001

第 一 章·出家证果 ● 007

第 二 章·断欲绝求 ● 012

第 三 章·割爱去贪 ● 019

第 四 章·善恶并明 ● 024

第 五 章·转重令轻 ● 027

第 六 章·忍恶无瞋 ● 031

第 七 章·恶还本身 ● 035

第 八 章·尘唾自污 ● 038

第 九 章·返本会道 ● 041

第 十 章·喜施获福 ● 045

第十一章·施饭转胜 ● 049

第十二章·举难劝修 ● 054

第 十 三 章 · 问道宿命	069
第 十 四 章 · 请问善大	073
第 十 五 章 · 请问力明	076
第 十 六 章 · 舍爱得道	081
第 十 七 章 · 明来暗谢	084
第 十 八 章 · 念等本空	088
第 十 九 章 · 假真并观	092
第 二 十 章 · 推我本空	095
第二十一章 · 名声丧本	098
第二十二章 · 财色招苦	101
第二十三章 · 妻子甚狱	103
第二十四章 · 色欲障道	106
第二十五章 · 欲火烧身	109
第二十六章 · 天魔娆佛	111
第二十七章 · 无著得道	114
第二十八章 · 意马莫纵	117

第二十九章·正观敌色	120
第 三 十 章·欲火远离	123
第三十一章·心寂欲除	124
第三十二章·我空怖灭	126
第三十三章·智明破魔	130
第三十四章·处中得道	133
第三十五章·垢净明存	137
第三十六章·展转获胜	140
第三十七章·念戒近道	144
第三十八章·生即有灭	148
第三十九章·教诲无差	152
第 四 十 章·行道在心	157
第四十一章·直心出欲	161
第四十二章·达世如幻	166

四十二章经经文

经 序

世尊成道已,作是思惟。离欲寂静,是最为胜。住大禅定,降诸魔道。于鹿野苑中,转四谛法轮。度憍陈如等五人而证道果。复有比丘所说诸疑,求佛进止。世尊教敕,一一开悟。合掌敬诺,而顺尊敕。

第一章 出家证果

佛言:辞亲出家,识心达本,解无为法,名曰沙门。常行二百五十戒,进止清净,为四真道行,成阿罗汉。阿罗汉者,能飞行变化,旷劫寿命,住动天地。次为阿那含。阿那含者,寿终灵神上十九天,证阿罗汉。次为斯陀含。斯陀含者,一上一还,即得阿罗汉。次为须陀洹。须陀洹者,七死七生,便证阿罗汉。爱欲断者,如四肢断,不复用之。

第二章　断欲绝求

佛言：出家沙门者，断欲去爱，识自心源。达佛深理，悟无为法。内无所得，外无所求，心不系道，亦不结业。无念无作，非修非证。不历诸位而自崇最，名之为道。

第三章　割爱去贪

佛言：剃除须发，而为沙门，受道法者，去世资财，乞求取足，日中一食，树下一宿，慎勿再矣，使人愚蔽者，爱与欲也。

第四章　善恶并明

佛言：众生以十事为善，亦以十事为恶。何等为十？身三、口四、意三。身三者：杀、盗、淫。口四者：两舌、恶口、妄言、绮语。意三者：嫉、恚、痴。如是十事，不顺圣道，名十恶行。是恶若止，名十善行耳。

第五章　转重令轻

佛言：人有众过，而不自悔，顿息其心。罪来赴身，如水归海,渐成深广。若人有过,自解知非,改恶行善,罪自消灭;如病得汗,渐有痊损耳。

第六章　忍恶无瞋

佛言:恶人闻善,故来扰乱者,汝自禁息,当无瞋责,彼来恶者,而自恶之。

第七章　恶还本身

佛言:有人闻吾守道,行大仁慈,故致骂佛。佛默不对。骂止。问曰:子以礼从人,其人不纳,礼归子乎?对曰:归矣。佛言:今子骂我,我今不纳,子自持祸归子身矣。犹响应声,影之随形,终无免难。慎勿为恶。

第八章　尘唾自污

佛言:恶人害贤者,犹仰天而唾。唾不至天,还从己堕。逆风扬尘,尘不至彼,还坌己身。贤不可毁,祸必灭己。

第九章　返本会道

佛言:博闻爱道,道必难会;守志奉道,其道甚大。

第十章　喜施获福

佛言:"睹人施道,助之欢喜,得福甚大。"沙门问曰:"此福尽乎?"佛言:"譬如一炬之火,数千百人各以炬来分取,熟食除冥,此炬如故,福亦如之。"

第十一章　施饭转胜

佛言:饭恶人百,不如饭一善人。饭善人千,不如饭一持五戒者。饭五戒者万,不如饭一须陀洹。饭百万须陀洹,不如饭一斯陀含。饭千万斯陀含,不如饭一阿那含。饭一亿阿那含,不如饭一阿罗汉。饭十亿阿罗汉,不如饭一辟支佛。饭百亿辟支佛,不如饭一三世诸佛。饭千亿三世诸佛,不如饭一无念、无住、无修、无证之者。

第十二章　举难劝修

佛言:人有二十难:贫穷布施难、豪贵学道难、弃命必死难、得睹佛经难、生值佛世难、忍色忍欲难、见好不求难、被辱不瞋难、有势不临难、触事无心难、广学博究难、除灭我慢难、不轻未学难、心行平等难、不说是非难、会善知识难、见性学道难、随化度人难、睹境不动难、善解方便难。

第十三章　问道宿命

沙门问佛："以何因缘，得知宿命，会其至道？"佛言："净心守志，可会至道。譬如磨镜，垢去明存。断欲无求，当得宿命。"

第十四章　请问善大

沙门问佛："何者为善？何者最大？"佛言："行道守真者善，志与道合者大。"

第十五章　请问力明

沙门问佛："何者多力？何者最明？"佛言："忍辱多力，不怀恶故，兼加安健；忍者无恶，必为人尊。心垢灭尽，净无瑕秽，是为最明。未有天地，逮于今日，十方所有，无有不见，无有不知，无有不闻，得一切智，可谓明矣！"

第十六章　舍爱得道

佛言：人怀爱欲不见道者，譬如澄水，致手搅之，众人共临，无有睹其影者。人以爱欲交错，心中浊兴，故不见道。汝等沙门，当舍爱欲。爱欲垢尽，道可见矣。

第十七章　明来暗谢

佛言：夫见道者，譬如持炬入冥室中，其冥即灭，而明独存。学道见谛，无明即灭，而明常存矣。

第十八章　念等本空

佛言：吾法念无念念，行无行行，言无言言，修无修修。会者近尔，迷者远乎，言语道断，非物所拘，差之毫厘，失之须臾。

第十九章　假真并观

佛言：观天地，念非常；观世界，念非常；观灵觉，即菩提。如是知识，得道疾矣。

第二十章　推我本空

佛言：当念身中四大，各自有名，都无我者。我既都无，其如幻耳。

第二十一章　名声丧本

佛言：人随情欲，求于声名。声名显著，身已故矣。贪世常名而不学道，枉功劳形。譬如烧香，虽人闻香，香之烬矣，危身之火而在其后。

第二十二章　财色招苦

佛言：财色于人，人之不舍。譬如刀刃有蜜，不足一餐之美，小儿舐之，则有割舌之患。

第二十三章　妻子甚狱

佛言：人系于妻、子、舍、宅，甚于牢狱。牢狱有散释之期，妻子无远离之念。情爱于色，岂惮驱驰，虽有虎口之患，心存甘伏，投泥自溺，故曰凡夫。透得此门，出尘罗汉。

第二十四章　色欲障道

佛言：爱欲莫甚于色，色之为欲，其大无外，赖有一矣，若使二同，普天之人，无能为道者矣。

第二十五章　欲火烧身

佛言：爱欲之人，犹如执炬逆风而行，必有烧手之患。

第二十六章　天魔娆佛

天神献玉女于佛，欲坏佛意。佛言：革囊众秽，尔来何为？去！吾不用。天神愈敬，因问道意。佛为解说，即得须陀洹果。

第二十七章　无著得道

佛言：夫为道者，犹木在水，寻流而行，不触两岸，不为人取，不为鬼神所遮，不为洄流所住，亦不腐败，吾保此木决定入海。学道之人，不为情欲所惑，不为众邪所娆，精进无为，吾保此人必得道矣。

第二十八章　意马莫纵

佛言：慎勿信汝意，汝意不可信；慎勿与色会，色会即祸生；得阿罗汉已，乃可信汝意。

第二十九章　正观敌色

佛言：慎勿视女色，亦莫共言语；若与语者，正心思念：我为沙门，处于浊世，当如莲华，不为泥污。想其老者如母，长者如姊，少者如妹，稚者如子，生度脱心，息灭恶念。

第三十章　欲火远离

佛言：夫为道者，如被干草，火来须避。道人见欲，必当远之。

第三十一章　心寂欲除

佛言：有人患淫不止，欲自断阴。佛谓之曰：若断其阴，不如断心。心如功曹，功曹若止，从者都息；邪心不止，断阴何益？佛为说偈："欲生于汝意，意以思想生；二心各寂静，非色亦非行。"佛言：此偈是迦叶佛说。

第三十二章　我空怖灭

佛言：人从爱欲生忧，从忧生怖，若离于爱，何忧？

何怖？

第三十三章　智明破魔

佛言：夫为道者，譬如一人与万人战，挂铠出门，意或怯弱，或半路而退，或格斗而死，或得胜而还。沙门学道，应当坚持其心，精进勇锐，不畏前境，破灭众魔，而得道果。

第三十四章　处中得道

沙门夜诵迦叶佛遗教经，其声悲紧，思悔欲退。佛问之曰："汝昔在家，曾为何业？"对曰："爱弹琴。"佛言："弦缓如何？"对曰："不鸣矣。""弦急如何？"对曰："声绝矣。""急缓得中如何？"对曰："诸音普矣。"佛言："沙门学道亦然。心若调适，道可得矣。于道若暴，暴即身疲。其身若疲，意即生恼。意若生恼，行即退矣。其行既退，罪必加矣。但清净安乐，道不失矣。"

第三十五章　垢净明存

佛言：如人锻铁，去滓成器，器即精好。学道之人，去心垢染，行即清净矣。

第三十六章　展转获胜

佛言：人离恶道，得为人难；既得为人，去女即男难。既得为男，六根完具难。六根既具，生中国难。既生中国，值佛世难。既值佛世，遇道者难。既得遇道，兴信心难。既兴信心，发菩提心难。既发菩提心，无修无证难。

第三十七章　念戒近道

佛言：佛子离吾数千里，忆念吾戒，必得道果。在吾左右，虽常见吾，不顺吾戒，终不得道。

第三十八章　生即有灭

佛问沙门：人命在几间？对曰：数日间。佛言：子未知道。复问一沙门：人命在几间？对曰：饭食间。佛言：子未知道。复问一沙门：人命在几间？对曰：呼吸间。佛言：善哉！子知道矣！

第三十九章　教诲无差

佛言：学佛道者，佛所言说，皆应信顺。譬如食蜜，中边皆甜，吾经亦尔。

第四十章　行道在心

佛言：沙门行道，无如磨牛。身虽行道，心道不行；心道若行，何用行道。

第四十一章　直心出欲

佛言：夫为道者，如牛负重，行深泥中，疲极不敢左右顾视。出离淤泥，乃可苏息。沙门当观情欲，甚于淤泥，直心念道，可免苦矣。

第四十二章　达世如幻

佛言：吾视王侯之位，如过隙尘。视金玉之宝，如瓦砾。视纨素之服，如敝帛。视大千世界，如一诃子。视阿耨池水，如涂足油。视方便门，如化宝聚。视无上乘，如梦金帛。视佛道，如眼前华。视禅定，如须弥柱。视涅槃，如昼夕寤。视倒正，如六龙舞。视平等，如一真地。视兴化，如四时木。

· 经 序 ·

世尊成道已,作是思惟。离欲寂静,是最为胜。住大禅定,降诸魔道。于鹿野苑中,转四谛法轮。度憍陈如等五人而证道果。复有比丘所说诸疑,求佛进止。世尊教敕,一一开悟。合掌敬诺,而顺尊敕。

每一部经典的开始都有"序分",序分中包括六种证信序,也就是六种成就。普通经文,一开始都会提及"如是我闻,一时佛在某处,与众若干人俱……"这就是六成就,即主成就、众成就、处成就、时成就、闻成就、信成就。在这段经文里则稍有差异,法轮是"信"成就,成道已是"时"成就,世尊是"主"成就,鹿野苑是"处"成就,憍陈如等是"闻"成就,复有比丘是"众"成就。

《四十二章经》是从佛一生说法中,撷取重要的经句,来作为启导佛门修行者的道粮。它的文字虽短,意义却很深远。本经是阿难尊者所集,译者是迦叶摩腾和竺法兰两位法师。

"世尊成道已","世尊"是指娑婆世界的教主释迦牟尼佛。佛陀在二千五百多年前诞生于人间,他出生于印度的迦毗罗卫国。"尊",尊贵、荣华之意。他原是迦毗罗卫国的太子,父亲净饭王年过四十岁才生下他,取名为悉达多。太子出生七天,母亲摩耶夫人就去世了,由姨母摩诃波阇波提抚养长大。

悉达多太子一出生即被预言长大后,将成为一位大觉者,使得净饭王十分烦恼!他绞尽脑汁,提供太子种种的生活享受,但是这些并未使一个有觉性的人迷失。一般世俗人所说的快乐,在太子眼里都是痛苦的根源。因此,他从小即有一种寂静的德行,故名为释迦牟尼,也就是寂静能仁的意思。

太子长大后,在一次出游中,一位婆罗门教修行者如闲云野鹤般崇高的生活态度,深深吸引了他,也启发了他修行的念头。又在另一次出游中,看到生、老、病、死的苦,而深深体会人生的苦、空、无常,更加强他想修行以透彻个中真理的决心。

除此之外,当时印度社会四姓阶级分得很清楚,他也想打破这种不平等的阶级观念,以解脱众生的苦。于是,就在十九岁那年的某一夜,离开皇宫踏上修行之路。以一位年轻太子,在当时那种优渥的环境中,居然能舍得下、看得破,实在是难能可贵!一般人总是在受了痛苦、压迫之后,才想要争取自由,而这位年轻的太子却是在富贵、五欲中看开了世间一切,这是圣人和凡夫的不同处。

离开皇宫之后，太子以五年的时间参访，遍访全印度的修道者。但是，那些婆罗门的教理，并无法满足他的求知欲。于是，五年之后，他进入苦行林修苦行。

六年的时间过去了，悉达多太子深深觉得：这种苦行并无法成就般若，只是徒然折磨了身体，而智慧应该是在身体有适度的调养时启发出来的。因为身体虚弱，也会影响智慧的增长，可见苦行是偏道而非中道。

于是，他出了苦行林，来到伽耶山，选择一棵大树，在树下石座上铺草为座，在禅坐之前发愿道："在这金刚座上，若不能透彻宇宙真理成等正觉，即使粉身碎骨，也不离此座！"

到十二月八日天将亮时，修行者——悉达多在静思中慢慢张开眼睛，目光忽然与一颗星星接触，星星的光透入他的心，刹那间，一切的烦恼完全消失，心地一片静寂清澄，净光明亮，照见了宇宙大地一切真相。此时，他心光一闪，叹道："奇哉！奇哉！一切众生皆具如来智慧德相，只因妄想执著，不能证得。"于是，决定将佛法推广于民间，实践济世的心愿。

"世尊成道已，作是思惟。离欲寂静，是最为胜。"佛透彻宇宙的真理，成道后，他思惟着：该用什么方法来度化众生？如何观机逗教，使大家都能悟入佛的境界？众生本具佛性，只因被"欲念"污染，而失去清净的本性；要使众生恢复本来的面目、转凡入圣，首先就要离欲知足，不动无明贪念，如此，则能"寂静"清明，这是最殊胜的心灵境界。

"住大禅定，降诸魔道。于鹿野苑中，转四谛法轮，度憍陈如等五人而证道果。"修行要使心清净，必须先降伏魔道，也就是降伏内心的烦恼，觉性朗耀照彻寰宇万物，理与心会——成等正觉。佛成道后，便前往波罗奈国的鹿野苑；为阿若憍陈如等五人转四谛法轮。他们原是当初净饭王派来劝太子回心转意的五位大臣，后来反而跟随太子在苦行林中修行；太子走出苦行林之后，他们才转往鹿野苑修行。

"四谛法"就是苦、集、灭、道，它是佛教的基础。不要以为"四谛法"是小乘法，其实它是大乘法的基础。佛陀首先让我们知道人世间之所以有"苦"，苦的原因是"集"种种的疑惑而衍生痴念，造业受苦，要"灭"苦的因，就必须修行于"道"。"轮"是轮送、转化的意思，将佛法像轮子一样，输送到弟子的心中；也像车轮一样，碾碎众生的烦恼。

佛初转法轮时，阿若憍陈如先悟道证果，其余四人则是在三转法轮时先后悟道，证小乘果位。佛教在此时才具足三宝——佛宝、法宝（四谛法）、僧宝（五比丘）。

"复有比丘所说诸疑，求佛进止。世尊教敕，一一开悟。"五比丘成就道果后，佛就开始步上说法的旅程。他带着第一批度化的五位比丘，依次向外度化。第二批接受度化的是耶舍及他的朋友等五十人；然后是三迦叶僧团的一千人，迦叶三兄弟是婆罗门教的领导者。他们都在听了佛的教法之后，皈依佛陀门下。

另外，舍利弗和目犍连也是婆罗门教的领导者，他们被马胜比丘的庄严相所感动而皈依佛陀座下。因此，佛在四十九年的说法期间，到处都有弟子跟随于身边。有许多弟子心中常有疑问，都一一得到佛的释疑；大家在佛的教导下，也都一一开悟了。

"合掌敬诺，而顺尊敕。"这是表示僧团对佛的恭敬。尊师重道是修行成功之本；不论学什么或在任何考验、磨练的情况下，都要尊师重道，这是本段经文最重要的地方。因此，只要依四谛法门修行，就能打稳基础，进而逐渐达到佛的境界。

何谓"无为法"？就是涅槃寂静的境界。凡夫常常心猿意马、烦恼缚心，这是虚假的"污染心"。

第一章

出家证果

佛言：辞亲出家，识心达本，解无为法，名曰沙门。常行二百五十戒，进止清净，为四真道行，成阿罗汉。阿罗汉者，能飞行变化，旷劫寿命，住动天地。次为阿那含。阿那含者，寿终灵神上十九天，证阿罗汉。次为斯陀含。斯陀含者，一上一还，即得阿罗汉。次为须陀洹。须陀洹者，七死七生，便证阿罗汉。爱欲断者，如四肢断，不复用之。

"辞亲出家，识心达本，解无为法，名曰沙门。"为什么要"辞亲出家"？为了"识心达本"认识自己的本来面目。又如何识心达本呢？必须"解无为法"。何谓"无为法"？就是涅槃寂静的境界。凡夫常常心猿意马、烦恼缚心，这是虚假的"污染心"；而修行人为了清净自性心、识心达本，因此出家修行。

在"百法"*中，前九十四法都是有所作为的"有为法"，有形有相之法即无常，也都是"虚假的污染心"。唯有最终之涅槃，是本有的、真心不作为的境界，因此称作"无为法"。出家就是为了探究本来的面目，进而证入涅槃寂静的境界，如此，才能名副其实称作"沙门"；否则，就是"假出家"——出了世俗家，又入烦恼家。

"沙门"就是"勤息"——勤修戒定慧，息灭贪瞋痴之意。佛陀说：真正的出家是要发大心、辞去世情难断之爱，出离世俗家而入如来家；真正要能称作出家人，必须达到"识心达本、解无为法"；如此，烦恼去除了，才能住于涅槃的境界，这也是修行最要紧的。

"常行二百五十戒，进止清净，为四真道行，成阿罗汉。"如何勤修戒定慧、息灭贪瞋痴呢？佛制比丘二百五十戒、比丘尼三百四十八戒，无非是要我们持戒，去恶近善、行四谛法，向上精"进"求法，恶业停"止"，使得修行者心地、戒体皆清净，这就是"进止清净"。

"为四真道行"，就是"四圣谛"——苦、集、灭、道；这是修行的基础，无论大、小乘的教法都离不开它。在《涅槃经》中，佛陀入灭之前曾对弟子们开示："我昔与汝等，

---

* "百法"，唯识家将一切有为、无为诸法，分为心法、心所有法、色法、不相应行法与无为法等五大类，总括为一百种法。

不见四圣谛;是故久流转生死大苦海。"意即:"我和你们在过去久远生中,就是因为没有体悟四圣谛的道理,才会流转于生死的大苦海中。"

我们若能真正理解、体会四圣谛,就能了脱生死。一般人因为不知"苦",才会陷于贪欲之中而集种种烦恼生死因缘;因此,在三界六道中轮回不息。凡夫由于不知"集"为苦因,所以不知发心修"道",也无法断离生死,体解"灭"的道理。所以佛陀在四十九年的说法中,始终不离"苦、集、灭、道"四圣谛的教法;纵使在临终前的一刻,也一再地讲述。由此可知,四圣谛是多么的重要!

因此日常生活中,我们要好好地体证四真道行;若能和四真道行契合,就能成就阿罗汉果。

"阿罗汉者,能飞行变化,旷劫寿命,住动天地。"阿罗汉已达不生灭的境界,他已断了六道中的"分段生死",证得小乘最高的果位,能飞行变化,六神通具足,而且有旷劫的寿命(即寿命很长)。为什么阿罗汉寿命长呢?因为他心灵清净、寂静,所以不必再受六道中的分段生死之苦。"住动天地",是指时间非常长久。

"次为阿那含。阿那含者,寿终灵神上十九天,证阿罗汉。"阿罗汉下面的位阶就是"阿那含",译为"不来"或云"不还",它是第三果,即不再到欲界受生。证阿那含的修行者寿终后,灵神超生十九天,就能证阿罗汉果。

"次为斯陀含。斯陀含者,一上一还,即得阿罗汉。"阿那含下面是"斯陀含",译为"一往来",断欲界六品思惑,是证第二果的修行人,在他生命周期的寿命里,必须分段生死,再一来一返,即得证阿罗汉果。

"次为须陀洹。须陀洹者,七死七生,便证阿罗汉。"接下来"须陀洹"是初果,译"入流"或"逆流",谓去凡夫初入圣道之法流。逆流者为逆生死暴流,已断见惑入初圣位。需再经过七次的生死往返,才能证得阿罗汉。

"爱欲断者,如四肢断,不复用之。"修行,首先就要断爱欲。佛陀深知众生的病源,最严重的就是"爱欲",因此,他所说的种种教法,无非是要我们断除爱欲。爱欲是三界六道轮回的种子(因);断了爱欲这个"因",就不会有三界轮回的"果"。

人的爱欲如同四肢,一旦断除就无法四处奔走;同理,爱欲若能断除,自然不会再来受生,心就能处于寂静的状态而不再起烦恼。所谓"一念无明生三细,境界为缘长六粗",无明一起,便会产生三细(微细的心思烦恼),进而衍生贪瞋痴等三毒;接着"五欲"——财、色、名、食、睡的贪执也会现前。如此一来,我们生生世世都将无法见"真谛"而在三界六道中痛苦地轮转不已。

如何才能见真谛、超脱苦海呢？佛陀说："辞亲出家，识心达本，解无为法。"出家的目的，是要"识心达本"，找出自己本来的面目。凡夫往往会迷失自我，忘了本来的面目；为了找回真心，我们一定要了解"无为法"——无所执著、无所作为，亦即真如佛性，以证入清净安乐的涅槃境界。

用什么方法才能证入涅槃的境界呢？要常行持守二百五十戒，以保持心性、戒体的清净。戒体就如"白绸布"一样，必须好好地守护；纵使仅仅沾染一点污垢，戒体也就毁了。所以，我们一定要时时勤修戒定慧、息灭贪瞋痴，才能常保戒体清净。

若能常保心与戒体的清净，戒定慧就无时无刻不生；戒定慧一产生，对四圣谛的真理便能了彻，要成就阿罗汉道也就不困难了。不过，我们修行是希望能超越阿罗汉、力行菩萨道，而菩萨行同样必须以四圣谛为基础，兼行六度万行。所以，修行的第一要务仍在"勤修戒定慧，息灭贪瞋痴"；如此，我们才能认清本来的面目。

第二章

断欲绝求

佛言：出家沙门者，断欲去爱，识自心源。达佛深理，悟无为法。内无所得，外无所求，心不系道，亦不结业。无念无作，非修非证。不历诸位而自崇最，名之为道。

佛陀说，出家"沙门"，要断欲去爱才能"识自心源"，认识自心的本体。"心源"指如来本性，也就是真如。一切众生都具有如来自性，所以，人的本性和佛性一样，只因被一念无明蒙蔽而爱欲、烦恼丛生。每个人都有家，家者"枷"也，出家即是为了脱离这个枷锁，而找回自己本来的面目。

"达佛深理，悟无为法"，我们要了达佛陀的深理，解悟无为的本性与涅槃清净的妙境。"悟"是觉的意思，证是身体力行。修行是要真正去体悟，例如：我们现在觉得盘坐后，脚会痛或修行辛苦，是因为"我"和"身"还系缚着（我的身躯绑住我的心），而这些都是功夫还不到家，所以才会感到痛苦；若是修到真正顺心的境界时，也就是达到身心解脱、轻安自在的境界，这就能够"行道"了；那时，我们的身心自然了无挂碍，也就一切无难事了。

"内无所得，外无所求，心不系道，亦不结业。"佛陀的心法、教理，是"无所得"也是"无所求"的，是原本就存在的无为法，不是造作的；众生本来就具有清净的本性，无须向外追求。《金刚经》云："说法者，无法可说。"我们的自性和佛陀是平等的；既然是心、众生与佛平等，那还要修什么呢？又有什么好"得"的呢？其实，众生的心地，就像被一层雾所遮蔽的镜子，所要下的功夫是要拭除雾气；只要雾气一除、镜面光洁，自然能照彻外面的景色，而不染著镜里的物质，所以说"内无所得"。"外无所求"，只要内心有所觉悟、体会，声色货利等等外境，还有什么值得追求的呢？

"心不系道，亦不结业"，到了"内无所得，外无所求"的境界，心就不会有所执著而造下恶业。《金刚经》有云："如筏喻者"，学习佛法就像乘坐竹筏一样，是要将人由此岸载到彼岸。一旦渡过河流，就要舍弃竹筏上岸，不要执著在那竹筏上。又云："法尚应舍，何况非法？"对正法尚且不可执著，何况是邪法？我们要依教奉行，但是如果没有真正体会佛陀所说的法，执著而不知变通，就像到岸之后，却仍坐在竹筏上不愿舍离，将永远无法登上彼岸。

所以"心不系道"是指心不要被"道"所束缚，也就是不执著。我们修行要像走路一样前脚走，后脚就要放；这样才能继续前进。而且，心不但不系道，也要不"结业"。我们要断惑，因为有迷惑才会造业，如果能够断欲去爱，就不会结业了。

"无念无作，非修非证，不历诸位，而自崇最，名之为道。"如果能修证到无分别的根本智，也就能"无念无作"。所以，我们要依循佛陀的教法，循序渐进、由浅入深地修行，并藉由事相来端正威仪。所以，要依靠"戒"来护持我们的戒体，若能守戒清净，就像一张干净洁白、一尘不染的白纸。当我们的心达到本源的时候，也就是"无念无作"，学成功夫了。

学习事物，一定要全神贯注；一旦熟悉了，自然能够运用自如。就如驾驶飞机、车子一样，之前一定要专心学习，了解车子或飞机的复杂性能，才能得心应手地操作而不会惶恐。有些人连搭飞机都感到害怕；但是，飞行员熟悉驾驶原理，所以能得心应手。

我们修行也一样，在还没有成就之前，一定要专心一志地学习、体会真理。若能达到最高的程度，就是"无念无作，非修非证，不历诸位，而自崇最"的境界。

而"不历诸位"，是指不用再一果位、一果位地进阶，也就是"顿觉"。只要我们心静气平，那就是本来面目，也是真体会。根机锐利的人，就能够"闻一知十"。例如孔子的学生子贡曾经赞叹颜回："回也闻一以知十，赐也（子贡）闻一以知二。"同样是由孔子教授道理，弟子们也同时听闻，不过，子贡却说：夫子讲一分道理，我可以理解两分，而颜回却可以了解十分。这就是智识体悟的强弱之别。

但是，就一般修行人而言，都必须一步步渐次地修行，才能断除三界的"惑"。因为三界众生最大的烦恼就是欲爱，所以佛陀要我们先断欲去爱，才能断一切烦恼。修行若要识心达本，就要去除爱欲，还要断除对一切物质的贪欲，也就是断除"四惑"及"五惑"的烦恼。

何谓"四住地烦恼"？第一是"见一切住地烦恼"，也就是三界的"见惑"。三界众生容易因眼睛所见的色相而起迷惑。譬如：虚空有色吗？虚空本来就没有颜色，但阴雨的天空是灰色的，到了晴天万里无云时变成蓝色，晚上又变成黑色。同样的天空，究竟哪一种颜色才是本色？其实，这只是地球自转与阳光照射的角度不同，所产生的变化罢了！哪里有所谓天的颜色呢？

佛陀的眼光能够透视宇宙的真谛，众生的见解却是颠倒的，无法透视清楚；众生所见的往往都是不正确、有差别的，所以容易生疑惑，这就是"一切见住地惑"，又称作"见惑"。

第二住地烦恼，是"欲爱住地烦恼"。我们所居住的地方是欲界，也是五趣杂居地。欲界众生最大的烦恼是"思惑"，而思想最大的烦恼还是不离淫欲，这就是爱欲的烦恼。凡夫所造的业，大多是由爱欲的贪念产生。

第三是"色界住地烦恼"。色界虽然已经没有淫欲，但是还有色身、宫殿存在，还有物质享受的爱乐；既然有爱乐便有烦恼，所以称为"色爱住地烦恼"。

第四是"无色界住地烦恼"，是有爱著的烦恼。这时已经没有色（物质），也没有方位之分，但还有精神、思想的存在。人的痛苦，大部分来自物质；到了无色界的境界，则已无身体的病痛。为什么能达到没病苦的境界呢？这完全依赖禅定之功。然而，是不是完全断除烦恼了呢？还没有，因为分段生死未断，也就是还有少部分的烦恼，还有爱著。

然而，要断除烦恼，光是断除"四住地烦恼"还不够，一定要连"五住地烦恼"（即无明烦恼）也一并断除。若五住地烦恼也断除了，才能真正到达清净、涅槃、无为的境界。

所以，修行首先要"断欲去爱，识自心源"，把欲爱断除而回归本来的面目，如此，便可证入"无为"的境界。

修行首先要"断欲去爱,识自心源",把欲爱断除而回归本来的面目,如此,便可证入"无为"的境界。

第三章

割爱去贪

佛言：剃除须发，而为沙门，受道法者，去世资财，乞求取足，日中一食，树下一宿，慎勿再矣，使人愚蔽者，爱与欲也。

因为前一章经文中提到："内无所得，外无所求，心不系道，亦不结业……"有些学佛者因而取"理"舍"事"，不肯实修，认为：既然佛性人人皆有，只要心不执著，业就除了，还需要修行吗？其实，这是错误的想法！

人之所以必须"修行"，是因为我们的心地已经受到污染，所以要用"法"来抹拭，心地才能发光；若不抹、不拭，将永远透不出光明，永远处在黑暗中。纵使我们有成佛的本质，不修行仍然得不到法益。就像矿山所蕴含的金玉，如果没有经过探采、切磨，也无法显露本质的光明。因此，为了防止修行人的偏见、曲解，所以本章特意破除前一章执理废事的"自障碍"，教我们修学佛法要事理圆融。

"剃除须发，而为沙门"，须是男众的胡须。一般人大都十分注重自己的外貌，古代印度男人多数蓄须发，其中被装饰最多的就是头发，将大半时光耗在头发的梳理上，这无非是爱美的心与虚荣心，也是凡人"心结"的源头。

而学佛的人，必须争取时光，若是剃除须发，不但节省时间，也能去除污染；因为头发几天不洗就会气味难闻。所以，学佛的人要去除身的污染，首先要将虚荣的染著心去除；而出家众超越在家人之处，就是能将世间人最重视、最难去除的须发剃除，这也是难舍能舍、大勇猛心的表现。剃除须发后才可称为"沙门"，这是佛教一般修行人的标志。

"受道法者，去世资财"，既然起勇猛心现出家相，就应下决心修学正法和规则。人之所以会起无明惑、造业，不外乎由"欲"而起；而最大的贪欲就在财与色。所以修学佛法，首先必须去除心欲。

"乞求取足"，修行人仍必须有资生的物质来维持生命；但是不必为它过于辛劳，适中即可。佛在世时，出家人每天要外出托钵，不可囤积粮食；托满一钵的食物，吃饱维持身体健康应没问题。因此，钵也叫"应量器"；修行人要知足，足够就好了。只要能延续生命，就能精进修学佛法。

"日中一食，树下一宿"，闲云野鹤的生活，对出家人而言是很容易的事。佛在世时，为了去除人生的昏忙，制定比丘们日中一食，以解决维生的一餐——中饭，而且出家人生活很简单，只要一钵饭就饱了。一般人就不同了！他们所以会忙忙碌碌、造业不断，也是为了食、睡、住；不但吃饭、应酬应接不暇，席开一桌五六千元，甚至上万元也照样吃，这就是"不应量"。过去的出家人住的也很简单，只要找到一棵树，在树下打坐，养精神就可以了；而现在的人住高楼大厦，又非常讲究内部装潢，但有的人仍不满足。

我们要警惕自己的心，洗除过去生的坏习惯，不要再有虚幻的追求；要少欲知足——食只求饱，住能安稳，安于无求无欲、淡泊清净的境界。心能平静就是道法；反之，便无法接受道法。心要能平静，首先要去除世俗的爱欲情染。

"使人愚蔽者，爱与欲也"，愚蔽就是愚痴染著，遮蔽本性而不得见道。

人的本性与佛一样，但是，为什么释尊已经"成佛"，而我们仍是"众生"呢？因为佛有"清净智"，而我们却有"愚蔽"。为什么会愚蔽呢？因为有了爱欲；爱欲若能去除，愚昧、染著也能去除，这就能达到修学佛道的境界。

修行要自我庄重，爱惜自己的佛性，否则永远只是"众生"。纵然有起惑或染爱之心，也要很谨慎断除，不要再有错误行为的造作，如果任由爱欲心吞噬自己，愚蔽的业就会愈造愈重。

然而，要出家容易吗？日本有一位学者写了这么一篇文章——有位好乐布施的善人，非常护持佛法，经常供养出家众。有一天，他忽然因急病而昏迷不醒。在昏迷中，他感到自己的神识脱离了身体，轻飘飘地来到阎罗殿。阎王告诉他："虽然你的阳寿已尽，不过，由于你在世间修了善业，所以还可以再回人间去做人。"他一听要再做人，就一直摇手说："我不要再做人了。"阎王就说："做人并不容易！一定要在世间做过善事才能投胎做人。你为什么不要呢？"善人就说："做人固然很好，但却容易造业而堕入三恶道，所以我不要再做人。"

阎王说："那让你生天好吗？"善人回答："我也不要生天。因为天福享尽后，同样要堕落的。"阎王问："那么你究竟要去哪里呢？"善人想一想说："我想到人间做出家人。"阎王说："出家不是那么容易的事。你在世间所做的善业，还不够资格出家。"于是善人又说："既然要行大清净善业才能出家，我做不成大法师，那做个火头僧我也甘愿！"

阎王回答："就算你只想在炉灶边做个烧柴、煮饭的火头僧，你所行的善业也不够呀！这样好了，让你再到人间做个百家富（一个人享有一百户人家的富足），你可以再继续行善而成为千家富！"

可是，这位善人仍觉得百家富、千家富不及一个火头僧，因此再三地请求阎王让他如愿。

佛法难闻今已闻，菩萨道难行，而我们现在已行在菩萨道上，要时时刻刻庄重自己、守住本分，爱惜本具的佛性，好好接受佛陀的教法，才不辜负这么好的修学因缘。

第四章

善恶并明

佛言：众生以十事为善，亦以十事为恶。何等为十？身三、口四、意三。身三者：杀、盗、淫。口四者：两舌、恶口、妄言、绮语。意三者：嫉、恚、痴。如是十事，不顺圣道，名十恶行。是恶若止，名十善行耳。

"众生以十事为善，亦以十事为恶。"佛陀说，众生大都离不开十种善、恶的行为，一般说的十善，反之便是十恶。

究竟有哪"十事"呢？即身三、口四、意三。"身三"者，指杀生、窃盗、邪淫，这是由"身"体所造作的不净行，所以称为"身三恶"。"口四"者，即两舌、恶口、妄言、绮语，是开口动舌的四种业。"意三"者，包括贪欲、瞋恚、愚痴三类，都是由"心"起念、造作的烦恼。所谓的善恶，都是依身、口、意这三业而造作的。何谓善？顺理行事就是善，亦即顺道理、顺仁义道德；反之，若违背人伦道德便是恶。

"如是十事，不顺圣道，名十恶行。是恶若止，名十善行耳。"身、口、意三业"十事",若是不顺圣道、不合理,则称为"十恶行";反之,若能止恶,则称作"十善行"。所以,善与恶虽是两项名称,却同样是心的作用。我们要行善、为恶都易如反掌,差别就在"止"和"行",我们要止恶、行善。

止是制止,制止自己的恶念和恶行,不恼害他人;至于行,则是修行圣德,发心利益他人、安顿一切众生。所以,身口意三业可以成就圣道;反之,也能使人们堕入恶道。

再举例说明,例如:身三业中的"杀业"是违背慈悲、残忍的行为;人们要止杀,进而行放生*的善。所谓"蠢动含灵,皆有佛性",一切众生都惧死贪生;我们有佛性,众生也有。所以,我们要止杀、培养大慈悲心,亦即培养恻隐心、怜悯心。

"盗"就是窃盗。心有贪念,就会生起窃盗的意念而强取或偷盗不义之财。我们不但不贪、不偷、不盗取他人的东西,还要进一步行布施,这就是止盗行施的善。

"淫",是指男女媾合,是一切众生生死的根源。出家人要戒淫,修清净梵行;若能守身洁净,就是善行。至于在家居士,则守"不邪淫戒",对于夫妻之外的不清净缘,千万不可触犯。这就是防止身的三恶业,成就身的三善业。

又如口业,我们要"止妄言"。开口动舌和一个人的人

---

* 所谓"放生",并非只是买动物来放生,而是要"护生",爱惜生命及物命;若能更进一步"放人生",放开心胸,发善愿助人,即是尊重生命。例如盖医院救人,一人得救,往往使一个家庭得救,可减少家庭、社会问题。

格与气质息息相关,若是口无遮拦,不但害己也伤人。妄言就是不守信,讲话不实在、不负责,经常指空言有、指有言空,会使他人对你产生不良的观感。身为佛弟子,信念一定要很坚固,要止妄言而说诚实语。

"止两舌"。人与人之间会发生冲突,大都由于误会而产生。所谓"一人吐虚,万人传实",在口舌中搬弄是非、挑拨离间,容易使人产生误会。我们除了要戒除两舌,也要对发生误会的两方,施以"和合利益语";不但不能煽风点火,还要居中调解,使一切众生起和合心、团结一致。一个再强大的团体,如果成员中有人犯了"两舌"的毛病,就会产生很大的波折。此时,若是遇到具足善行、善念的人,他就可以发挥协调的功能,使团队成为一个利益社会、强而有力的和合团体。

"止恶口"。开口若尽说些粗鲁不雅的话或是骂人,都称为恶口。我们平时不但要止恶口,更要修"柔和爱语"的善口业。修学佛法的人,要时时让人感受到柔美、优雅的气质,这必定要止恶口。

"止绮语"。所谓"巧言令色,鲜矣仁!"尽说奉承讨好的话,言是而心非,也会误人害己。学佛者应该讲真实话,坦诚不虚,温言柔语,以美化自他人生。

第五章

转重令轻

> 佛言：人有众过，而不自悔，顿息其心。罪来赴身，如水归海，渐成深广。若人有过，自解知非，改恶行善，罪自消灭；如病得汗，渐有痊损耳。

常闻人有十善，也有十恶，十善与十恶是一体两面。若是放纵自己随心所欲，就成为十恶；反之，精进向道就成为十善。本章劝人止恶行善，改过迁善。

"人有众过，而不自悔，顿息其心。"古圣人说："人非圣贤，孰能无过？"人都是凡夫，往往易犯过失；而大部分的过失，都是日常生活中的习气所造作的。过去不好的习惯自己可能并不察觉，也不懂得反省悔过；如今得遇善知识的指引，就要赶紧改过，停止造恶的心行。《八大人觉经》中有云："心是恶源，形为罪薮"，心的源头若不断除，那么心的造作将会招感业力，罪恶也就源源不绝地发生。

"罪来赴身，如水归海，渐成深广。"我们的妄心若是不顿息、断除，罪就会来赴身，到最后罪业就会像水流入大海般，愈造愈深，自己也将愈陷愈深。

"若人有过，自解知非，改恶行善，罪自消灭。"有些人到寺院时心地清净，回家后却又造作恶业。因此，这段经文，教我们"改要彻底改、知要彻底知、停要彻底停、行要彻底行"。总之，要提起真切的心，认真力行。人没有不犯错的，但是要能"知过必改"。

不要以为小恶无罪，须知点滴的造作都是罪业；如何才能消灭罪业呢？要从自心开始。我们若能空掉烦恼，业才会消。所谓"心空"是指内心很清净，这必须经过彻底的忏悔，并将心欲完全扫除，如此，过去所造作的业自然就清除了。

譬如将小小的芥菜子撒在土里，如果肥料充足，日后便能长成一棵大芥菜；同理，即使犯小罪，也是受报无尽，点点滴滴累积起来，仍是不可小觑。俗话说："知过必改，方是大丈夫。"若能改恶行善，罪业才会消灭。

"如病得汗，渐有痊损耳。"就以人最常患的感冒而言，只要发汗、吃药就能减少病痛；同样的，我们若犯错了，也要勇于面对现实、至心忏悔。若是覆藏过失，就像泥土覆盖种子一样，会很快地发芽；种子若和泥土隔绝，久而久之，自然就会败坏了。因此，肯"认错"改过就好比隔绝种子跟泥土，时间一久，不好的习惯自然会逐步导正，使恶习消除。

人心的造作就像种子一般，播下好的种子，即能结成好的果实；若播下坏的种子（不好的念头），善门就难入了。而且，我们所行的若是善少恶多，善果也就很难发育，所以要即时消除恶种（不善念），把握机会勤播善种。修行也一样，要培养善念；只要恶念一除，自然就不会造作恶业。

一般人行大恶的少，大都是小恶不断（不好的习气）；若要说是善人，生活习惯又不是很好，这就像感冒患者，只要喝喝热姜汤、发过汗就好了。所以，在日常的生活起居、语默动静中，要好好地护持本心，不要等到罪业造成了，才后悔莫及！若能如此，不论遭遇什么业力，都能重业轻受，勇于承担。

在日常的生活起居、语默动静中,要好好地护持本心,不要等到罪业造成了,才后悔莫及!

第六章

忍恶无瞋

佛言：恶人闻善，故来扰乱者，汝自禁息，当无瞋责，彼来恶者，而自恶之。

前两章，旨在警惕修行人要能止恶行善、改过迁善。但是，目前的社会对人与人之间的猜疑、明争暗斗已见惯不怪，看到善人反而少见多怪。因此，行善之人多半会遭遇障碍，更何况发心深入佛门、修学佛法的人，往往会被视为"怪异不群"。

这一章所谓的"恶人"，并非专指十恶不赦的人，而是包括无法理解宗教教理，与人伦道德背道而驰的人。他们认为五欲之乐是人生理所当然的享受，摒除娱乐是不对的。

譬如，有一位在某机关上班的在家居士，平时很认真地听闻佛法，而且拳拳服膺，力行佛道。可是他的同事都视他为怪人，经常有意无意地当着他的面讲些粗俗不堪的话，还炫耀着吃喝嫖赌等不正当的事，并且嘲讽他。他曾向我说：

"师父呀！学佛真的很难，周围的人常常说我是怪人、逃避现实！"我告诉他："不必理睬这些。我们是佛教徒，要运用智慧，以本身的修养来感化对方。"诸如此类，也是很多信徒遭遇到的阻碍之一。由此可知，周围知见不正的人很多。

所谓"闻善"，是听到善的道理；而知见不正的人听到有人要修行善法或遵循道理依教奉行，就会常常以种种的绮言、淫语来扰乱，想挑起修行人的欲心——扰乱他的心思。

"汝自禁息，当无瞋责"，在这种情况下，我们要关闭心门，止息心念，避免和"境"对应；对方若是态度不好，我们也不可起瞋心或是恶言相向，应以旁观者自处。平时看到有人在骂人，我们不会生气；但被骂的若是自己，又有心接受它，就会生气了！所以面对逆境时，要即时关闭心门，心不要接纳恶人扰乱的境界，而采取旁观者的态度，自然就不会发脾气或指责对方了，如此自能轻安。

"彼来恶者，而自恶之"，有人态度不好、背道而驰，纵然他是有意来找麻烦，只要我们不在意他的态度，就能轻安若无其事；而恶人本身并不快乐，因为他见人行善即心生厌烦、起抗拒心而与好人格格不入，甚至甘心与恶人为伴，因此会招来很多痛苦。

修行若能坚决志向、直心向道，就有勇气突破万难；纵使恶人想障碍或毁谤行善的人，最后反而会自招恶报，而行善者的道业也同样会有成就。被毁谤的人如果不在意它，并且保持风度，旁观者反而会赞叹被骂而不瞋的人，对于恶人的扰乱则无好感，甚至会引起公愤。所以，骂人的人，其实是自己受到损失。

我们若有这种觉悟，境界自然会消灭；但若随顺世俗就会卷入社会的漩涡。所以，不论周遭的环境如何，都不可被温言巧语或粗言恶语扰乱，迷失了我们的道心，一定要好好护持善念。

有些人发心修行向道时，朋友就用尽方法引诱，邀他游玩、看电影、登山等等来阻碍他的道心；恶劣的态度容易防范，柔软的感情则很难防。修行人不论遭遇强硬或柔和的形态，都应好好顾守道心，不要被诱引误导！

由此可知，若不是具备大智慧、大丈夫心、有气魄的人，无法固守心志断恶行善。由于社会太过浊恶，只要意志稍微薄弱，就很容易被诱向迷途，所以修行人一定要有坚决的智力与意志。

古人说："如明镜中现于丑容，彼容自丑，镜何丑哉？"譬如明镜中，映照出一张很丑陋的面孔，这是不是镜面丑呢？不是，而是镜子照映的境丑；一旦丑陋的面孔或境界离开后，镜子立刻恢复它原来的明净。

所以我们的心要像镜子一样，心镜所照映的只是一幕幕景象而已；一旦景象或镜子离开，两者就互不相干了。

因此，不论外境如何，我们要时时善自谨慎、反观自省：自己的道心、善念够不够？必须远离扰乱的境界，"择其善者而从之，其不善者而改之"。

第七章

恶还本身

佛言：有人闻吾守道，行大仁慈，故致骂佛。佛默不对。骂止。问曰：子以礼从人，其人不纳，礼归子乎？对曰：归矣。佛言：今子骂我，我今不纳，子自持祸归子身矣。犹响应声，影之随形，终无免难。慎勿为恶。

佛在世时，为了行道也曾遭人毁谤，但是，佛陀默然不作回应。当我们被人责骂、毁谤时，该如何应对呢？要保持"默然"的态度，不要作回应；等对方骂完，要能够依然心平气和，修养的功夫才算到家。

世间事都是相对的——恶与恶相对立才会起纷争，若是恶与善相对，斗争的机会就比较少。所以当我们面对恶人时，一定要用善的态度对待他，这样恶终究会停止。

"子以礼从人，其人不纳，礼归子乎？"如果你要送东西给我，而我不接受，你是不是会将这个礼物再拿回去呢？是啊！礼物送人而对方不收，当然是自己再拿回来。同样的道理，"今子骂我，我今不纳，子自持祸归子身矣。"你恶口毁谤我，我的心并不纳受这种恶念，这份恶业将来还是由你自己承受，灾祸仍是会归还到你身上。

"犹响应声，影之随行，终无免难"，如深谷应声回响，声则自物体发出来。比如说讲话，大家不过是听到声音而已，源头仍在喉咙、嘴巴；又像人的影子，人走到哪里，影子就跟到哪里。所以自己作恶，果报还是由自己来承受。

因此我们"慎勿为恶"，不要做坏事，凡事要谨慎啊！在学佛的路上，我们往往会受到背道而行的人所毁骂，虽然如此，仍然要"以善待恶、以德报怨"，是非自然会消除；如果我们"以怨报怨"，那冤冤相报何时了？

由此可知，我们不要把恶行加在别人的身上。面对恶人，我们要守持好自己的本分，守善待人；另一方面，我们也要小心谨慎，不可为恶，骂别人等于是在骂自己，没有修养的人才会说是非。所以，我们凡事要放大心量，不要起恶念。

在学佛的路上，我们往往会受到背道而行的人所毁骂，虽然如此，仍然要"以善待恶、以德报怨"，是非自然会消除；如果我们"以怨报怨"，那冤冤相报何时了？

第八章

尘唾自污

佛言：恶人害贤者，犹仰天而唾。唾不至天，还从己堕。逆风扬尘，尘不至彼，还坌己身。贤不可毁，祸必灭己。

假使对贤人起了恶念，就像"仰天吐痰"一样，吐出来的痰不但不能到达天上，反而会向下坠落到自己的脸上；又如"逆风扬尘"般，抓一把沙土撒向他人，也一样会让逆风吹向自己。

有一次，佛陀在舍卫国的鹿子母精舍对弟子们说法之后，就整装外出托钵。在途中，遇到了一位婆罗门教徒。婆罗门教在当时的印度十分盛行，而佛教则是新兴的宗教，所以，有很多婆罗门教徒对佛教非常地排斥，甚至常常辱骂佛陀和僧众。

那位婆罗门教徒一看到佛陀，就开始破口大骂，所有难听的话都骂出来了。不过，佛陀却若无其事、从容安详地继续向前走。那位婆罗门教徒看到佛陀被骂还不理会，脸上还带着笑容，心里十分生气！他就随手抓起一把泥土，跑到佛陀的身后撒了过去。当他撒这把泥土时，刚好迎面有一阵风吹过来，因此这把泥沙反而撒到他自己身上。

佛陀转过身来，还是脸上带着微笑，以慈祥而严肃的声音对他说："恶人害贤者，犹仰天而唾；唾不至天，还从己堕。逆风扬尘，尘不至彼，还坌己身。贤不可毁，祸必灭己。"

我们学佛，就是要学这份平静的心。不管是受到毁谤或赞誉，内心都能保持平和。但是凡夫不明道理，瞋怒的怨心一起，就起心动念，甚至造恶，这样就会损害自己的道念。所以，圣人与凡夫的差别就在此。

在《阿含经》里，也有一段类似的记载：有一天佛陀遇到一位外道教徒，他也恶口辱骂佛陀。等他骂完之后，佛陀问他："如果有朋友前去探访你，你准备了一桌酒菜；可是你的朋友并没有吃，那桌菜肴要还给谁呢？"婆罗门教徒回答："如果朋友不吃，还是自己吃啊！"

佛陀再问："如果你有礼物要送人，但是人家不收呢？"他回答："别人不收，我自己收。"佛陀就说："是啊！你骂别人时，别人不收——就像你现在骂我，我并没有收下你的辱骂一样。其实，你发这份怒气对我并没有损伤，对你的品行却有损失呀！"

这时，那位婆罗门教徒终于觉悟："对啊！我为什么一直在发怒、骂人呢？对方那么安详，到底是谁损失了呢？"

贤人是行于天地、依循真理的人，他有高尚的人格，真正的贤人，外在的毁谤对他并无损伤。所以，我们要十分谨慎，不要做一个毁谤他人、造作是非的小人，要做一位行事光明坦荡的正人君子。

第九章
返本会道

> 佛言：博闻爱道，道必难会；守志奉道，其道甚大。

佛陀教示我们，学道之人一定要有目标，也就是要专心；若能心专志一，自然能与道相合。

现在很多学道的人，着重"博闻爱道"而心不专，初出家修行就迷于名利，让心志向外奔驰，自以为去哪个丛林读过书，修学了很多佛法，人格就高人一等，这就是现今修学者的大毛病。

现在的人就是有这样的心态，志不守、意不坚。很多东西都想去参学。但是只用耳朵在听，根本没有把道理深入心中去体会，这只是形态上的"博闻爱道"；像这样当然就"道必难会"，真理绝对没有办法和他的心相合。

这里所说的"道"，指的是本心；道即是心。有一句偈文："佛在灵山莫远求，灵山只在汝心头，人人有个灵山塔，好向灵山塔下修。"每个人的心中都有一座灵山塔，所以我们不必向外远求；当下有机会就要好好把握，有好事做，我们就要赶快去做，做就对了，这就是"道"啊！但是有些人却颠倒妄想、心向外求，不知"道"本来就在我们的内心，因此，难免会徒劳无功。

那么要如何对治呢？要"守志奉道"。我们除了目标要正确，时刻保持原始的那分热心与初发心的殷勤外，还要心心念念朝着菩提正道精进。只要心中存有一念正道，不被名利所杂染，并为人群争取福利，这就是"上求佛道，下化众生"，不但自救还能救人的菩提正道。若能如此，则"其道甚大"，这种道才能称为大道。"大道"是什么呢？就是真谛（真正的道理），也就是无为法、大菩提心。我们若能守志奉道，就是真正进入菩提道。

在修学方法上，我们必须认真听"闻"；听了之后，要用心深"思"观察，并且脚踏实地去"修"行这条菩提大道。我们若能闻而思，思而修，这样就能体会道理了。

学佛最怕的是什么呢？"不宜但为口耳之学"，不能只重视"我学会讲经了，我已经听很多佛法"。如果说归说，行为却背道而行，那么光会听、会讲也没有用。我们必定要学到把佛法深入心中，而且以身作则去力行；实行以后，才会有真正的体会。

再说经文里的"奉道"，是指从心念上去体会、推究心源。在《四十二章经》的一开始,便已提到"识心达本",就是希望我们能在念念之中寻找心源;心要时时刻刻反省自问:今天的所作所为是否合于正道?有没有违背道理?若不时时警惕自心,心源就会迷失。

　　这短短几句话,包含了极深的道理。佛陀是大智慧者,能够教化当时及未来一切众生,我们要谨记佛陀的教诫,抱持"守志奉道"的心,不要只是"博闻爱道";因为佛性原本就是要以心会道,若是向外追求,容易落入迷途,使心更杂乱!如此,心意就无法坚定。

　　但并非要舍弃道理、不听闻佛法,而是由博闻爱道返回到"守志奉道"。就像前文所说的,听了以后要好好地深思,思考清楚后再去实行,实行后再说给别人听;不要只是学讲或听法而已,必定要放下名利心与文字相,专心一意恒持力行,不要一暴十寒,这样"道"才会弘大。

我们要谨记佛陀的教诫,抱持"守志奉道"的心,不要只是"博闻爱道";因为佛性原本就是要以心会道,若是向外追求,容易落入迷途。

第十章

喜施获福

佛言:"睹人施道,助之欢喜,得福甚大。"沙门问曰:"此福尽乎?"佛言:"譬如一炬之火,数千百人各以炬来分取,熟食除冥,此炬如故,福亦如之。"

这段经文,教我们要随喜功德。有的人做善事,喜欢自己做;以为自己做的才能得福,让别人做,自己就没有福,这是错误的观念。我们学佛,要有"自做、使人做,自学、使人学"的精神。因为个人的力量有限,能够集合众人之力成就事业,才是无量功德。

所谓"施道"有三种方法,也就是平常佛教所说的"三施"。

(一)资生施——资生物是人生的必需品,一欠缺就无法生存。譬如现在的慈济工作,对照顾户(贫户)布施食物,使他们得到饱足;或对贫病、寒冻的人施予医药、衣物等等,这些就是资生施,也叫做"财施"。

（二）无畏施——在他人遭受灾难时，协助他脱离苦境，使他们得到安定，就叫做"无畏施"。有些人虽然财物不缺，但在精神上却遇到打击而惶惧不安，这时若能给予安慰、鼓励，这种心灵的支持，称作"无畏施"。

比如：在突如其来的灾变中予人安慰，并解除他们身心的苦难，使他们心宽、无畏，这些都是无畏施。

（三）法施——前两项是一般性的社会工作，而"法施"则是超越世俗的精神资粮。人生苦空无常，三界有如火宅。有些人尽管一切都很富足，但却无法得到永恒自在的快乐。这时唯有引导他们修学佛法中的"三无漏学"——戒、定、慧，让他们开启心门，止恶行善，才能脱离三界火宅，得到身心彻底的快乐。

而且，对于功德不要有独占心，如果我们没有独占心，自然就能得到别人的帮助。有些人知道行善有功德，就很认真去做；但是看到别人也要帮忙时，心里就很担忧，他认为："自己做，功德都归我；你来帮我做，功德不就被你瓜分了吗？"这就是不明道理、智慧未开的人。

其实，个人的力量究竟有多少呢？慈济能够发展至今天的规模，光靠一个人的力量可能吗？不可能。一定要集合很多人的力量，才能共同完成理想。

我们做好事，别人欢喜赞助；别人做好事，我们也欢喜赞助，彼此鼓励、欢喜赞叹，这就是功德。有时我们做不到的事情，别人做到了，只要是善事，我们同样欢喜赞叹，这样的随喜，也是功德。

"譬如一炬之火，数千百人各以炬来分取，熟食除冥，此炬如故，福亦如之。"佛陀在此举了一则"火炬"的譬喻——人就像一支蜡烛，在黑暗中一支蜡烛的光亮足够照明吗？当然不够。这时如果有成千上万支蜡烛从它那儿引火，结果，对原来的蜡烛并不会有影响，反而增加了室内的光明。

总之，学佛的人，心量要宽广，量有多大，福就有多大。这些经文都很简短，每一段都可以作为日常生活、语默动静修行的借镜。大家若能熟背即可入心，并能灵活运用。

我们做好事,别人欢喜赞助;别人做好事,我们也欢喜赞助,彼此鼓励、欢喜赞叹,这就是功德。

· 第十一章 ·

施饭转胜

佛言：饭恶人百，不如饭一善人。饭善人千，不如饭一持五戒者。饭五戒者万，不如饭一须陀洹。饭百万须陀洹，不如饭一斯陀含。饭千万斯陀含，不如饭一阿那含。饭一亿阿那含，不如饭一阿罗汉。饭十亿阿罗汉，不如饭一辟支佛。饭百亿辟支佛，不如饭一三世诸佛。饭千亿三世诸佛，不如饭一无念、无住、无修、无证之者。

第十一章说明"供养福田的胜劣"；种福田的方法，从理上而言皆平等，从事相上来说则有差别。在"无念、无住、无修、无证"的境界之前有：恶人、善人、持五戒者、须陀洹、斯陀含、阿那含、阿罗汉、辟支佛这八种境界。福田是一种比喻，如世间稻田，一粒谷种可长成一株苗，结一串稻穗，约有几百粒的谷子；这里的福田是指心田，种一福因，可收百福，供养布施可得大福报，但因对象不同，所得之福也有所不同。

"饭恶人百,不如饭一善人……不如饭一无念、无住、无修、无证之者。"饭,是"布施"的意思;布施一百位恶人的功德,不如布施一位善人的功德。以此类推,一直到供养一位三世诸佛,胜过供养百亿辟支佛,等于是供养一"三世诸佛"的功德,胜过布施千千万万亿恶人的福。

前八种是从"事相"来说,也配合修行的次第,到了第九种"无念、无住、无修、无证",则是从"心"和"理"来说。但因凡夫的心还没有通达一切诸法,所以必须从事相中入"理",才能了解"念本无念"的真义。

"无念",念而无念,就是没有住著心;佛陀依次第教导我们,最高的境界是修而无修,没有"我修行已得道成功",也没有"我能教人或辅导他人"的执著念头,因此可以利益很多人。而凡夫则处处执著、时时"有念",因此无法了解"无念"的境界,仍需不断地精进思惟、体会佛心,才能更上层楼。

"无住"的意思是:圣者因为不忍众生苦,所以,不住"常乐我净"的寂光土而倒驾慈航、随缘度众。所以,他对众生的恩情、他的境界胜过三世诸佛(指藏教佛果),圣者在过去世曾一次次渐渐地修行,直到佛的果位而至寂光土。然而,佛陀为了度化众生,不住果位而倒驾慈航,这叫做"无住"。

"无修"也是指佛的境界。有人说："我们本来就有佛性，还修什么呢？"其实，如果我们能体解佛的境界，就可以从凡夫地顿超佛境，而不必再一地一地地渐修。问题是：就"性"来说是佛，但以"行"来说，往往不是佛言佛行。就如现在叮咛大家要断"结"：爱结、恚结、慢结、无明结、见结……可是离开讲堂后，那些"结"很快又会打在一起，像这样，怎能说是"佛"呢？

因此，自性无著的佛，为了教导愚迷的众生而倒驾慈航回入娑婆，用修行的经验、方法来引度众生，他为了教导众生如何修行，才现"八相成道"*，让我们知道：佛陀也同样生于人间，看到世间的无常而生起厌离心，进而发心修行，示现成佛的过程。

"无证"指已经证悟佛性，不需要再修证的境界。但是，这些境界并不是"有念、有住、有修、有证"的我们可以了解的，所以才要下功夫好好地修学、印证。

正如第十章中说的，只要点燃一支火炬，就可以引燃百千支火炬而不失其原有的光明。同理，佛陀的法身虽然遍满虚空，但为了引导迷茫中的众生，所以再来世间，引度群伦。

众生因为无法理解平等法，也就无法了解众生与佛平等

---

* 八相成道：指佛陀降生、度世的过程——一，降兜率相；二，托胎相；三，降生相；四，出家相；五，降魔相；六，成道相；七，说法相；八，涅槃相。

的境界，因此才在平等法中分别胜劣。有些人认为：供养佛陀就会得到庇佑，福报会很大；这是有求、有计量的心，也是众生的差别心。

其实，人和佛是平等的，只不过佛和人的修养不同；人的恶习，佛已完全断除；佛的福慧，人却还没有具足，差别就在这里。不过，纵使是乞丐、贫民也有成佛的可能，佛在过去三大阿僧祇劫修行期间，历经了六道中无数种不同的身形，甚至示现为乞丐、贫民或畜生道的鹿王、猴子也曾经历过，可见众生的佛性本自具足。

所以，不论什么身形、阶级，都有佛的本性；只要我们心存尊重恭敬，勤于布施修慧，自然就有功德；而且，尊重到什么程度，功德就大到什么程度。

不论什么身形、阶级,都有佛的本性;只要我们心存尊重恭敬,勤于布施修慧,自然就有功德;而且,尊重到什么程度,功德就大到什么程度。

第十二章

举难劝修

佛言：人有二十难：贫穷布施难、豪贵学道难、弃命必死难、得睹佛经难、生值佛世难、忍色忍欲难、见好不求难、被辱不瞋难、有势不临难、触事无心难、广学博究难、除灭我慢难、不轻未学难、心行平等难、不说是非难、会善知识难、见性学道难、随化度人难、睹境不动难、善解方便难。

这段经文，说尽了世人好逸恶劳，顺物欲迷情容易、逆之则难的习性。"顺物欲迷情"是指随顺世俗名闻利欲人情，也就是"迷情"。一般凡夫劳劳碌碌追求五欲、情爱名利，这是沉迷的私情，将会引人堕入生死轮回，后果不堪设想。但是很少人会考虑到后果，大都是短视地沉迷在世俗的情欲上，这样就随波逐流了。因为这是错误的迷途，所以佛陀劝化众生要及时醒悟，不要随顺私己迷情。

在这里，佛陀列举了二十种"难"：想行善的人，环境却有重重困难；有的人财力足够，却有自心重重的障碍；也有人有纵情附势等等毛病。要除去这二十种毛病很困难，就如逆流而上，要花费很大的气力，可见要逆生死之流，远离五欲迷情，也是十分困难的。

然而，是否真的"难"行呢？世间人往往在出发之前，就预设路远难行而放弃，这样永远无法到达目的地。想要逆迷情确实有重重困难，但是一切成功的事业，都是在不畏艰难中创造出来的；如果畏难，便无法成就事业。只要我们能真正发深广心（即守志奉道的心），则天下无难事。

如果一味随流附和世俗之情，即使是容易的事，也会变得复杂。所以我们学道，要学真道，不要学迷情俗道，只要能发心对治，难行的反面，便是大道无碍。我们现今劳心劳力，虽然会觉得很苦，但也蕴藏着寂静的快乐，所以不要贪迷一时的世间情欲，而种下无穷的烦恼根。

下面举出二十种难事。

（一）贫穷布施难。贫穷的人，物质上都非常困乏；但是他若能在刻苦中尽力布施，纵然只是少许的奉献，福报仍是很大。

譬如佛门中出家众穿的衣服，背后都有一块"印"，这是为了饮水思源，感念佛世时一位贫婆虔敬的供养心。

佛陀在世时，一些国王、大臣、长者等富裕人家，经常来供养佛陀。有一次佛陀外出托钵,一位贫困的老太婆看到佛陀时,激动地跪在佛陀面前,哭得很伤心。佛陀问她有什么困难?老妇人抬头说:"佛啊!我没有遇到困难。我虽然贫穷,却活得很安心!因为我能生值佛世,与佛踩在同一块土地上,所以我很高兴。但是却也感到十分惭愧,因为我无力供养您!"

佛陀说:"你也可以布施呀!"贫婆说道:"我身无长物,要用什么来布施呢?"佛陀说:"只要你肯发心布施,任何东西我都欢喜接受!"贫婆回头看看自己,拉拉身上的破衣服问道:"佛呀!我身上只有这件破衣服,可以吗?"佛陀回答:"可以。只要衣服上的一角,我就很欢喜了!"贫婆听后,很高兴地撕下衣角上的一块布供养佛陀,佛陀立即将那块破布搭在身上。

佛陀回去之后,告诉阿难:"阿难!布施这块布,比布施千万匹布的功德还大,因为她已尽其所能!从今以后,每个弟子都要纪念贫婆这块布!"从此,凡是佛门弟子,衣服的背衬都有一块"印",以感念当年佛陀领受贫婆供养的那份"心"。如此贫穷困苦,想布施的确是困难,可是只要真诚有心,也非绝对的困难,这便是"贫中之富"的人生。

在慈济世界里,常可看到有些清贫的人,他们深知贫穷的困苦,所以稍有能力时,也愿意帮助比他们更穷苦的人,因此十元、二十元也很乐意尽力布施，这也是为自己种福田。反观有些富有的人，要拿出财物来布施，却比较困难，因为他没有尝过贫穷的滋味；再则，布施的钱捐少了，觉得太小气，不好意思；钱捐多了，又舍不得。所以富人反而较难发心布施。这正是一种悭贪的心理，亦即所谓"富中之贫"的人。

（二）豪贵学道难。富贵人家要学道，如同布施一样困难。因为富贵人家生活享受，无法体会贫困的苦境。有的常与达官显要为伍，纸醉金迷地应酬；如此，怎会有机会学道呢？因为他们不觉得苦，不知学道的可贵，所以财富名利未必是福，他们常常在迷情的境界中打转，因此学道较困难。

（三）弃命必死难。一般人最重视的是生命，任他再贪爱世间的一切物质，一旦生命受到威胁，他同样会舍弃物质以求保命。所以，有些人为了身体上的享受，往往畏惧身心的劳苦而不肯学道。但是自古以来，没有听过惜命畏死的人真能长生不死，传说彭祖活到八百二十岁，但是如今何在？就算真有八百二十岁的寿命，照样有结束的一天。所以，任凭你怎么重视生命，都无法长生不死！

学佛人要有"殉道"的精神，将生命奉献给宗教。例如：我们现在有中文佛经可研读，要感恩过去的高僧大德，他们不畏艰难险阻，千辛万苦到印度取经，由于古时代的中、印交通非常不便,但是他们克服了"弃命必死难"的关卡,才能带回珍贵的三藏十二部经。

有心学道的人如果太执著于身体,道业就难以成就。人生无常,我们应好好利用身体而力行、成就道业,才能趋入涅槃,慧命长生。

(四)得睹佛经难。现代的印刷业十分发达,发心印经的人也很多,很容易可以取得经书,为什么还会"得睹佛经难"?因为佛经道理深奥、文句艰涩,不易理解,一般人往往看不懂。而且,佛经中有很多警惕世人的语句,不看则已,越看越烦恼;因为许多令人趋之若鹜的事,在佛经里都明文禁止,所以有些人就干脆不看。

还有一些人佛经看归看、听归听,却没有用心彻底地研究思考;这和没看、没听又有什么差别?所以听闻佛法之后,能好好地体解护持,甚至"得一妙法而拳拳服膺",这是很难能可贵的。

(五)生值佛世难。成就一尊佛,必须经过好长好长的时间。经中说自释迦牟尼佛到未来的弥勒佛,中间就要经过五十六亿七千万年;而我们现在距释迦牟尼佛离世,才二千五百多年而已!离弥勒佛下生人间还有好长好长的时间,那时我们能否与佛同世?所以说"生值佛世难"。

但是佛陀曾说:"若能奉持我的教法,虽离我千里亦与我同室无异，虽离我千年亦与我同世无异；若不深入研究听闻佛法，纵使与我同室，也与千里距离无异。"所以，我们若能依照佛陀遗留的教法，脚踏实地地实行，那就与佛陀在世没什么差别。

（六）忍色忍欲难。物欲当前，不沉迷也难。财、色、名、食、睡，这些嗜欲是人之常情，人们不能自主地一再追求，在五欲漩涡中团团转，起惑造业，顺迷情而流转生死，说来实在很可怕。有智慧的人应该平心静气去观察，其实，世间一切欲乐在事过境迁之后，究竟能残留多少意义？歌台舞榭、一阵喧嚣娱乐之后，究竟快乐的感觉能保持多久？又如私情小爱，当时或许觉得很快乐，但是情越浓、爱越深，往往痛苦也越深。一切的埋怨、仇恨，常常是由最亲近的人所造成。所以，"小爱"能有几许喜乐呢？一切欲乐，只是过眼云烟啊！

《金刚经》中说："一切有为法，如梦幻泡影，如露亦如电，应作如是观。"我们所感受的、看得到的一切，就像梦境或水上的泡影般稍纵即逝；因为纵欲过后，留下的只是如幻的印象，摸不到，也触不着。哪怕再高的地位、再大的名利，一切的快乐只不过像一场梦，也像草上的露珠一样，阳光一照射后，很快就会消失了；也像闪电般，刹那一闪就过去了，这都是"无常"。所以修学佛道者，要能忍色忍贪欲，常以"一切有为法……"等四句偈来警惕、鞭策自己。

（七）见好不求难。人都喜欢追求好的事物，凡是他人所享受的一切美好的境界，自己也跟着盲目地追求，这就是虚荣心的表现，而凡夫却无法自制！

我们若能好好地静心思维、观察，贪求物欲的心自然就能降伏。世间愚昧凡夫情不自禁，易被诱惑而随顺"爱欲"，就佛法而言却是痴迷烦恼的苦源；常比较别人住高楼大厦，随心所欲享受福乐，而自己是不是也有这些福分呢？的确是"见好不求难"，贪求即痛苦，如能知理知足、守本分，则愚昧的贪心、虚荣心自然就会消除。

（八）被辱不瞋难。受到屈辱而不瞋，的确是很难，一般人都有好胜心，希望自己胜过别人，这也是凡夫心。第八章提过"恶人害贤者"，贤者应该坦然不作回应，在遭人侮辱时，我们若能提起怜悯心宽恕对方，自然不会生气，不会怨憎；对方屈辱不了心宽的人。所以与人相处，若对方起瞋心无明时，不要和他针锋相对；要用宽恕的态度来处理，如此瞋心自然会平息。若和对方一般见识，瞋火延烧入心，即苦不堪言。

（九）有势不临难。权势当前而不执取，着实也难。一般人都不甘卑微，总是要追求显赫的地位；可是在如愿之后，能够不骄傲不炫耀的人，实在不多；若是有很好的地位等着他，而他完全无意争取，这对凡夫而言，也是非常的难，这就是"有势不临难"。世间的一切五欲，就像清晨草上的露珠一般，很快就会消失了。所以，我们要好好照顾自己的心，在得意时不要忘形，要更加谨慎，才不会得罪人；进而超越财势、功名的诱引。

（十）触事无心难。遇事能保持平常心，无挂碍、不执著，确实困难。一般凡夫，常将人我是非、得失搁在心上，导致内心无法开朗。须知事境如梦，若是过于计较是很痛苦的事。因此，我们不要将过去的事一直放在心里盘绕。内心有烦恼就无法吸收清新的妙法；因为心不专、意杂乱，真正的佛法就无法摄受铭心，所以要体悟因缘生灭，切莫触事而"心随境转"。

（十一）广学博究难。要研读经论、彻悟义理，实非易事。佛法如大海，又深又广，有些人虽然发心修学，却不认真推究深奥的佛理，只是听经、读经，道理并未心会意解，也无法运用于人、事、物中，这和没有读过差不了多少。如何能与法理合一？必须身体力行，才能与理会合。所以说"广学博究难"，光学而不实行，只是徒劳无功。学了要实行也颇为困难，但是只要学道者"守志奉道"，自然"难亦非难"了。

（十二）除灭我慢难。凡夫愚昧自大，当小有成就时，容易生起"我慢心",表现出骄傲的态度,这并不是修学者应有的心态,真正的修学者要能舍离我慢心。俗话说:"稻子越饱满,稻穗垂得越低。"只有半生不熟的稻穗才会挺直不垂;同理,人学得不彻底才有我慢心。正如一畦肥沃的稻田中,若掺入稗草,就会妨害稻禾的成长。因此,"学"是要修养自己,不是要卖弄口舌,更不是为了名利。若是为"名"而学,就会生起我慢心;若为修养而学,自然能破除我慢。

(十三)不轻未学难。佛陀曾经说过,世间有四种力量不可以轻视。一是火苗虽小,不可忽视。因为小小的火种,可以烧尽千万甲的山林,也会让都市中的高楼大厦付之一炬。所以尽管火苗很小,力量却很可怕,因此不可忽视。

二是龙虽小,不可忽视。以前的人说龙有覆云降雨的力量,对大地万物影响至巨,所以不可忽视。

三是王子虽小,不可忽视。在帝国时代,王位代代世袭。王子虽然幼小,长大后却能掌理一国之政,所以不可忽视小王子。

四是沙门虽小,不可忽视。小沙弥从小就在寺院中修学佛道,长大后成为法师,可宣扬佛法、度化众生,对佛教的影响很大,因此不可轻视。

有些人自以为学得够多了,就轻视那些初学的人,这是因为他们不知"不可忽视"的道理。现在既然知道了,便不可"倚老卖老"而加以轻视。

（十四）心行平等难。众生皆有佛性,学佛者应等视一切众生。一般人却很难有平等心,对亲近的人即生"执著心",特别关爱照顾,但无法以同等的爱心来对待疏远的人。

修行就是要扩大爱心,从世情的分别中,推广到无色之爱,将所有的蠢动含灵,都视同"未来佛"般地爱惜与尊重,也就是佛教所说的"无缘大慈,同体大悲";若能达到这种境界,才是"心行平等"。

（十五）不说是非难。众生由于有人我的见解、好恶之心,而有是非的分别。例如:一般人都喜欢听好话,明知"巧言令色,鲜矣仁",明知"良药苦口,忠言逆耳",却偏偏不爱听忠言而喜欢被献殷勤,这就是"是非"心。

虽然人要脱离是非很困难,但是学佛人就是要将"难"转为"不难",若能拨开成见,化小我为大我而等视一切众生,则一切均是佛法。

（十六）会善知识难。有人说:"名师出高徒",真正要能成就道业,就要亲近严师,也就是善知识。但是一般人由于个人的情见在是非中,让人教不得也骂不得;对于真正能引导我们体会真道的善知识,反而"敬而远之"不愿亲近,所以说"会善知识难"。

然而善知识果真难遇吗？孔子说："三人行必有我师焉，择其善者而从之，其不善者而改之。"人与人间，如果能时时敞开心胸、谦冲好学，缩小自己而爱护他人，那么即使是小孩的一句善言，也有很大的启示。如此，世间一切万物形态，哪一个不是我们的善知识呢？因此，真正的丛林必须有道气和清规，而且要严守规律，懂得分辨是非，才能会见真正的善知识。

（十七）见性学道难。"见性"就是会道。我们学佛，一定要学真实的实相，也就是彻底了解自己的本性。

有很多学佛的人，大多是学在"名字相"上，只求会讲、会看，能成名就好，这样绝对无法会道。要如何才能会道呢？学佛人必定要守住一念真心；不可以有应付的心态，因为在入道之时，往往会有种种的魔障现前，所以必须抱持非成道不可的决心，才能冲过考验而真正见道。

（十八）随化度人难。学佛，要"上求佛道，下化众生"。既然已经立愿"守志奉道"，必定还要"下化众生"。因为唯有兼利他人，才是真正的佛道，所以要下化众生，必须学很多道理，也就是"权实之道"。"权"是指权巧方便的方法，也就是适合众生的根性，用各种方便的法门，引度众生进入正法；"实"是一实相，明心见性。

因为众生有种种的心欲及困难，想要解开他的心欲，就要用种种方法来解决他的困境。

唯有解除困境、看淡心欲，才能渐入佛法的正道；所以要利益众生，必须广学一切法门。守志奉道，并且博闻广究，才能利益、度化众生。

（十九）睹境不动难。人心，常会随境而变化。有人说，修行要找一个非常宁静的环境才能成就。其实，并非如此；矿山中的玉石，在开采以前虽然有玉质，却因为掺杂土石而不值钱；黄金提炼前，在矿山中同样没有价值。要使玉石晶莹剔透，使金矿有价值，一定要经过一番人工的锤炼、琢磨，才能成就它的美与价值；修行也是如此，能在人群中磨练，才是上乘的修行。

学佛一定要能达到"随化度人"的境界；否则，无法真正体会十法界的境界。"十法界"是指：佛、菩萨、辟支佛、声闻、天、人、修罗、地狱、饿鬼、畜生等十种境界。"佛"的境界是"无缘大慈，同体大悲"，将爱心普施一切众生。我们若有"大慈大悲、大喜大舍"的心境，这就与佛菩萨的心境相似，也就是要上求佛道、下化众生、守志奉道。

"缘觉"的境界是独善其身、心境清净，观照世间幻化的道理而体会四谛法门，也就是辟支佛的境界。"声闻"是追求觉道和教理的小乘修行者。"天人"，是指在快乐的天堂境界享福的人。另外，还有"人"的境界，能守规行善，才能生于人间。而"阿修罗"道的众生,喜欢发脾气,不能忍耐,常常嫉火、瞋火攻心。"地狱"是极为痛苦的境界,人间也有很多地狱的境界,如往医院、贫民窟走一遭,就可以看到病人、穷人身心遭受煎熬的人间地狱、饿鬼的境界,以上总称为"十法界",这十法界的境界,我们如果不在众生中磨练、观察,是无法体会的。

例如,面对毁谤我们的人时,不要把他们当作是"恶人",要视为"增上缘",感谢对方有如洪炉般的对待,让我们有磨练的机会;我们要将责骂当作鼓励,把毁谤当作鞭策提醒,不可轻易发瞋而生怒,要在众生中磨练沉着的心,修养宽恕心。若能如此,任何的境界现前,都无法动摇我们的心。反之,如果时常处在没有外境干扰的环境中,就没有机会练就一心不乱的功夫。所以,要调伏自心,不要随境动心。

(二十)善解方便难。能适当地体会方便法确实很难,因为众生的习性大多有偏执,有的执迷事相,有的迷于理论,所以不能事理圆融,易生种种烦恼,这都是不能"善解方便"的原因。但是,如能晓了方便妙法则无难不解。

而学佛人,要如何运用善巧的方法教导他人呢?这就要先"会理"才能"用事"——要先在人事的境界中,观察体解十法界的道理,并且身体力行,然后在理中施展权巧方便，以符合众生的根机，使众生容易纳受。若能如此，善解方便也就不难了！

在日常生活中，不离这二十种难；所以，我们要时时不断自我反省。若能在这"二十"种困难逆境中奋力上游，就能渐入圣贤的境界；若是随顺世情，就会顺生死而无法自拔。

所谓"不经一番寒彻骨，焉得梅花扑鼻香"？铁块也要经过洪炉烈火的千锤百炼，才能成为利器；修学也是如此，唯有坚定心念、不畏艰苦，才能有所成就。

所谓"不经一番寒彻骨,焉得梅花扑鼻香"?铁块也要经过洪炉烈火的千锤百炼,才能成为利器;修学也是如此,唯有坚定心念、不畏艰苦,才能有所成就。

第十三章

问道宿命

> 沙门问佛："以何因缘，得知宿命，会其至道？"佛言："净心守志，可会至道。譬如磨镜，垢去明存。断欲无求，当得宿命。"

有些学佛的人往往舍本逐末，还没有真修实学就想求"宿命通"；想知道过去未来的事情，这是错误的观念和追求。

"以何因缘，得知宿命，会其至道？"佛世时，跟随在佛身边的弟子，为免后学者求神通不成，反而走入邪途，便向佛陀提出这个问题——要用什么方法修行才能证果、得知宿命？

佛陀在这里提出纠正："净心守志，可会至道。譬如磨镜，垢去明存。断欲无求，当得宿命。"净心，即是漏尽、烦恼尽除、心无挂碍；人因为有欲爱——痴心、爱重、情迷，所以心不清净。而学道就是要回复清净的本性，守住学佛成圣的最初那一念志愿，并终身奉行。

世间人往往行事颠倒，譬如为了一次"作醮"大拜拜，可以连吃三天清净素，守不淫戒。但在三天的清净戒之后，却又大开杀戒，这样根本没有用。我们的修行，要终身守志，不能只发短暂的心，这样才能回复清净的本性。"可会至道"，在返回本性之后，就能与道会合，真正体悟佛陀的教法。

"譬如磨镜，垢去明存"，古时候镜子是由铜或石器制成，制镜时，都需要经过一番磨亮的功夫；磨得越光亮，照得越清楚。不过，一旦镜面蒙上一层雾或染著尘埃，就无法清楚地映照出万物的本来面目。

佛陀以磨镜为譬喻，就是要我们好好地磨练、修行，若能触境而不动心，人事尘埃才不会污染心镜；也唯有修行净心，去除烦恼，纯良的本质才会显现。

"断欲无求，当得宿命。"爱欲若能断除，心境自然明朗。因为爱欲会使人愚痴，无法认清现前的境界。眼前的事理都辨认不清了，要如何了解过去、未来呢？因此，一定要断除爱欲；把现前的境界分清楚，要了解过去、未来也就没问题了。

本章提问内容着重在"宿命、神通"，而佛陀的回答则重在"会道"。能够了解道理、心与理会合，自然能知道宿命，也就是要我们好好地脚踏实地修行。

不仅佛教有这方面的探讨，儒家也有一段类似的对话——弟子问："敢问死？"孔子回答："未知生，焉知死？"活着的时候，做人的道理都还不知道，何必问死后的事？同理，修行也是要踏实地去修持，不要一开始就只想求神通。

一个有修行的人，必定会了达宿命；而知道宿命的人却未必真有修行。例如一些帮人算命的人，往往自己的命却算不准。慈济曾有一个救济个案，案主原本以卜卦算命维生，他能预知问卜者未来会得到什么功名或遭遇厄运，并为他们指点迷津；但是他却掌握不了自己的命运，一生落魄，到后来还得被救济，连他的后事也是慈济代为处理。像这样的"宿命通"，又有什么用呢？

又如，"催眠术"就是让被催眠的人忘掉现在的事，引导他说出过去生的事。另外，通灵也一样，必须先让现实的境界消失掉，才能通灵。这都不是自然的现象，而是邪术的一种。

不管是催眠或通灵，只是很短暂的时间，而且是迷昧的状态，不是出于自己清楚的意识。修行若能修得应用自如，能克服诱惑，随心所欲不逾矩，才是真正有神通。总之，必定要先修心，回复本性后，自然万事无障碍；能明心会道，自然明白宿命，通达无碍，切不可舍本逐末，以免落入邪道。

学佛必定要先修心,回复本性后,自然万事无障碍;能明心会道,自然明白宿命,通达无碍,切不可舍本逐末,以免落入邪道。

第十四章

请问善大

> 沙门问佛:"何者为善?何者最大?"佛言:"行道守真者善,志与道合者大。"

守志行道很重要。前一章是"净心守志,可会至道",这一章讲到要立志、守真;若能守真奉道,同样能与道会合。所以,修行离不开净心、守志、守真。

"善莫善于真修,大莫大于实证也",世间人行善有很多种出发点:有人为名,有人为利,有些人则是因一时怜悯而行善;虽然都名之为善,但是并非真善。要能行道守真,本着"无缘大慈,同体大悲"的心怀,从自己的心,推到整个家庭,再推及社会、国家乃至普天下,脚踏实地去力行,并且无求无私,如此,才能称为"真善"。

佛弟子问"什么最大"呢?"大莫大于实证",志与道相合就是大,任何事情,都是从立下坚定的志愿开始。佛教所谓的圣人与凡夫,区别就在于志向。人若不肯立志则容易沉迷；若能坚定志向，如法实行，就能真正证入法的境界，这样才叫"大"。志与道会合，应用后所得到的感受就称为"证"，由实践当中而去感证真，这是最重要的，所以说"大莫大于实证"。

总之，修行的目的，不是为了名利或想逃避一切，而是要身体力行、自证教人，也就是"上求佛道，下化众生"。我们若能言行一致，并能守住一念真心，就能达到真诚、至善、美满的境界，这样宇宙间一切的至善大道就能会合。

古人云："一理通，万理彻。"志与道会合理就通，也就是法界体圆。何谓"法界"？宇宙间包括有情、无情，一切人事、物理的实相统称为"法界"。"法"是宇宙一切诸法，"界"是分别的境界。十法界中，众生的境界各自不同，但佛性不二。

例如十法界中"六凡"——天、人、修罗、地狱、饿鬼、畜生的境界各自不同，但本性却相同。堕地狱是自己造了恶因，而结下堕地狱的苦果；若是认真守志修行而到达佛的境界，也是自己所造的，所以，本性都相同，只是心灵境界不同。

凡夫因为迷失了法界、不能明白本性常住的道理，因而生起三业：起惑、造业、受苦，这就是轮回的境界；修行，是为了彻法界的道理、觉悟法性的存在。所以，在了解佛法之后，要守志奉道，借身体作载道器（修行的工具），将教法善加运用而不抵触，这才能逐渐进入佳境。

第十五章

请问力明

沙门问佛："何者多力？何者最明？"佛言："忍辱多力，不怀恶故，兼加安健；忍者无恶，必为人尊。心垢灭尽，净无瑕秽，是为最明。未有天地，逮于今日，十方所有，无有不见，无有不知，无有不闻，得一切智，可谓明矣！"

本文的大意在说明"忍辱"。修行如果不修"忍"，很难有所成就。在经文中，有位沙门请问佛："何者多力？何者最明？"力，是助道的力量；要用什么方法，才是帮助修行最大的力量呢？又要用什么方法，才能使我们明心见性呢？众生就是因为无明、心境不明朗，所以不能彻见宇宙的真理。

佛回答："忍辱多力，不怀恶故，兼加安健；忍者无恶，必为人尊。"佛说"忍辱"是最有力的助道行，因为有"忍"的功夫，就能不怀旧恶，不会起惑、造业，即使遭人怨骂，身心仍然轻安自在。再者，若不以恨心加诸于人，别人也不会以怨恶加诸于你，这就是"兼加安健"。

人生是相互对待的，一个能够忍辱的人，就能时时对人柔和善顺，而别人也会对他恭敬有礼；能够宽恕、尊敬他人，就不会与人结怨，且能受人尊敬。

那么究竟要如何"忍"呢？这里举"生忍"为例。"生忍"，就是要能真正看开而安心接受世间的一切苦——包括人事是非的迫害、天灾人祸，以及身体病痛等种种的苦。学佛的人，一定要透彻了解身体是四大假合，四大不调而生病是很平常的事，应该要安然忍耐。有的人一生病，不但自己无法忍受，还把烦恼加诸于他人，对人发脾气，这就是不能忍受，因此苦上加苦。

另外，对周围的一切事物人情、是非，也要看淡，他人若是以怨憎的态度对待我们，我们要逆来顺受，并且要自我反省，才能成就道业。

佛陀十大弟子中"说法第一"的富楼那，有一次他发心要到一个偏远的国家去弘法，那个国家的人民充满邪见、恶念，非常强悍。

佛陀就问："那地方的人民既然很难接受正法，而且瞋恚怒盛，这样你敢去吗？如果他们不能接受你的教法，你要怎么办呢？"富楼那回答："若是这样，我会想：他们只是不能接受而已,并没有骂我,也算不错了。"

佛又问:"若是对你破口大骂,你会怎么处理呢?"富楼那说:"我要感激他们只是骂我,并没有打我。"佛说:"如果他们出手打你呢?"富楼那回答:"我还要感激他们只是用拳脚打我,还不至于用刀、棍、杖等利器来截断我的身体,也值得感恩。"

佛再问:"如果他们用刀棍加害你,使你丧生,又该如何呢?"富楼那回答:"那我更要感激他们消除我的'业',如果过去生我没有和他们结下这分恶缘,也不会被他们怒骂、毒打,甚至丧生;若有这分恶缘,可以借此了断还清宿债,所以要生起忍辱之心,更需感恩他们成就我的道业。"这就是修行人的心念,他明白因缘果报之理,时时刻刻宽恕众生,所以能发挥修行忍辱的力量。

学佛人除了被人打骂、毁辱时要忍让外,即使受人恭敬供养、欢喜赞叹,内心也要保持平淡,不起骄慢执著,这就是对众生、对境界的平等心。就像悟达国师,他因为唐懿宗赐给他沉香宝座,起了一念我慢的欢喜心,结果不小心,膝盖碰撞了一下,业障就现前了——受十世前的冤业所缠,使他膝盖生了毒疮。所以在欢喜顺境之中,若不能以平常心看待,这也是心中的污垢、无明。

经中说明心垢即烦恼,心镜要擦拭干净;心中若有烦恼杂念，别人说你什么，就时时把它放在心里，想尽办法要报复，这就是心垢。心垢若能够灭除，心就如同洁白无瑕的玉一样清净，如此必能明心而透彻一切真理。

"未有天地，逮于今日"——也就是穷过去世直到现在。我们有幸听闻了忍辱的法，即需确实思惟、实行，能够如此，心垢就能去除；擦掉了心垢，烦恼就能消除。

"十方所有，无有不见，无有不知，无有不闻。"十方是宇宙无边际的世界，也是十法界。"无有不见"是指一切境界与真理，无不在心念之中显现（亦即见道）。只要心能够明朗，十方尽未来际的无边世界，都能全部显现出来。

"得一切智，可谓明矣。"此时心垢尽除，便能得一切智。"一切智"包括"一切种智、无师智"，指即使没有老师教授，自己用功修持，也能通达道理而明心见性。

这章经文，强调用忍耐力来帮助我们修行，忍耐是修行最大的力量。日常之中的杂念心，就是因为不能忍而产生，我们要以忍涤净心垢，心才能清净。

所以"忍"力之大，能耐怨害、持心寂定、对境不动，不论是出世或入世，一切事业都不能没有忍。学佛，要将世间的事物、人情是非提得起、放得下，才能心无挂碍、轻安自在。

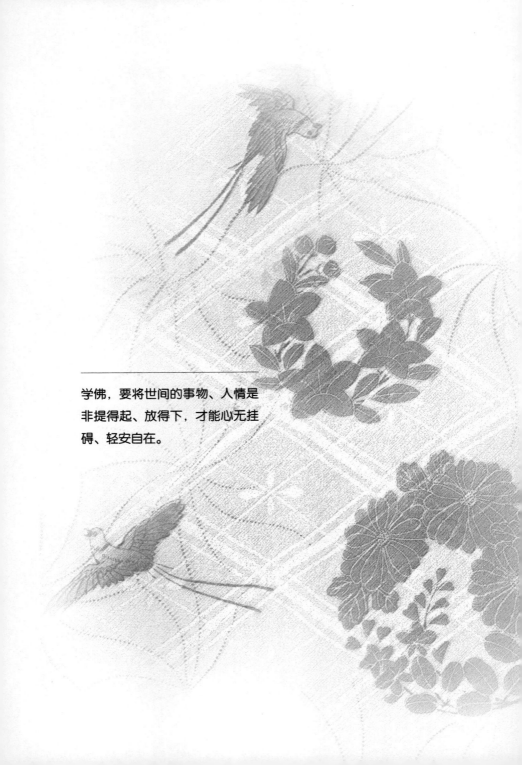

学佛,要将世间的事物、人情是非提得起、放得下,才能心无挂碍、轻安自在。

· 第十六章 ·

舍爱得道

佛言：人怀爱欲不见道者，譬如澄水，致手搅之，众人共临，无有睹其影者。人以爱欲交错，心中浊兴，故不见道。汝等沙门，当舍爱欲。爱欲垢尽，道可见矣。

凡夫之所以不能见道、明达佛的境界，就是因为心中存有爱欲杂念。好比一潭原本清澈、平静的湖水，有人伸手搅动它，使沉淀在底层的泥沙再次浮起，湖水就会变得混浊不清，此时大家若到湖边，往水里一看，就无法见到自己的影子了。

"人以爱欲交错，心中浊兴，故不见道。汝等沙门，当舍爱欲。爱欲垢尽，道可见矣。"人之所以会痛苦、堕落，就是因为爱欲；爱欲若能断除，就能证入圣人的境界，则人心和佛心也就同等了。佛陀能彻见宇宙万物之理，就是因为佛陀的心境清澄寂静；而凡夫因为心浊意乱、爱欲交错，所以无法透彻眼前的境物，更谈不上明白天下宇宙的真相了。

所以，如果我们想和佛一样见道，除了使心寂境明之外，再也别无他法；而要心寂境明，唯有去除爱欲，这就要断除见思、尘沙、无明三惑。

惑就是无明烦恼，众生因为见解不正而妄生爱欲、执著，这是"见惑"；并且随着见解而取著、产生贪瞋痴等"思惑"。我们学佛，一定要以坚定恒常的心，断除见思烦恼及端正见解；同时还要发心度化众生，用长时间广学、力行一切法门，以突破世间种种尘沙的烦恼。

真正的修行者，应舍弃爱欲烦恼，这就要以"真谛"的智慧运用于"世俗"之中，达到真、俗无碍圆融的境界，若能如此，则至道可见。所以，学佛人一定要用功精进，去除心垢烦恼。如此，十法界真实的景象就能显现，这就是至道。

以"真谛"的智慧运用于"世俗"之中,达到真、俗无碍圆融的境界,若能如此,则至道可见。

第十七章

明来暗谢

佛言：夫见道者，譬如持炬入冥室中，其冥即灭，而明独存。学道见谛，无明即灭，而明常存矣。

如能会见真谛理，了解真如本性"常明"的道理，即不再有无明惑暗的痴迷。所以见道的人，就像拿着火炬入暗室，黑暗立即灭除。

何谓"无明"？无明是指贪、瞋、痴及一切恶念、染著爱欲、不光明之事；它不是常态，也不是本有的，因此可以经由改过而去除。就如恶人并非天生就是恶人，而是受到后天环境的熏染，才起恶念、造作恶业。学佛修道，就是为了除去无明垢染，以回复清净的本性。

修学者一旦觉悟了，将不再受污浊的环境所熏习；只要真能彻底反省，就能做到不再犯过错。就像一块已洗干净的白布，只要好好地爱惜它，自然不会再受染污。

因此，我们要好好珍惜本具的佛性，自然不会再让污垢沾身；因为罪业是由自己去造作的。若能自性觉悟则会道不难，无明自然灭除，而光明恒常存在。

心病需要心灵妙方医治，行为有差错必须实时改过。孔子说过："过则勿惮改。"有了过失，要面对现实、认真改正，这样就是仁智勇者；勇敢的人在求道的过程中，能不屈不挠、精进不退。我们若能真正了解罪业的因缘并且改过，罪业自然能消除，而且能生起勇猛心，向前直行。

"学道见谛，无明即灭，而明常存矣。"学道最要紧的就是要能体会真俗二谛的道理。唯有真正身体力行，才能会见道谛、明心见性，无明也就能消除。所以，希望大家要时时擦拭心中的污垢，明觉常存，让心镜能够清楚地照耀外境，而不再被外境所迷。

学佛，不光是口头上或文字上的学问，也不只是耳闻而已，而是要"闻、思、修"并行；如果只听闻佛法而不实践力行，就不是真正的学佛。

曾有这么一件真人实事——西部有一座很有名的道场，寺里住着很多出家众，他们经常在赶经忏、做法事。其中，有一个女孩童年就常住寺院，长大后剃度出家，由于从小就在这样的环境中成长，因此也学会诵经、放焰口（佛门的超度法事之一），赶经忏生涯也就这样决定了。

直到三十五六岁，她发现自己得了癌症后，还是不断到处去赶经忏。有一次，她对同坛做法事的一位师父说："你能不能停止赶经忏呢？我七岁就进入寺院，到现在三十几岁了，教理什么也没学到。我这辈子都是在诵经，诵得很辛苦。现在得了癌症，再想好好地走学佛的路，也已经来不及了。所以，我希望你能赶快脱离这种生活，好好地修行。"

这位尼师往生的前一天，寺里的人用椅子把她抬到新落成的大殿前，她看了一下，叹口气说："这就是我一辈子辛苦换来的！"

其实，佛经并不只是让人拿来唱诵的，佛经阐述佛陀智慧明觉之道，学佛者应脚踏实地去研究实行。人身难得，佛法难闻，不要以为现在已经接触佛法就能解脱了，其实凡圣之间，差距仍远啊！

佛经并不只是让人拿来唱诵的，
佛经阐述佛陀智慧明觉之道，
学佛者应脚踏实地去研究实行。

第十八章

念等本空

　　佛言：吾法念无念念，行无行行，言无言言，修无修修。会者近尔，迷者远乎，言语道断，非物所拘，差之毫厘，失之须臾。

这一章的重点，在超越"有、无"两个关头；学佛人要能真念、真行、真言、真修，才能突破这两项执著。

"佛言：吾法念无念念……"佛陀说我的法"念无念念"。前一个"念"字是真净常念，是说学佛要脚踏实地、真心恒常无间断地学。有些学佛的人上了讲堂或课诵时，才生起"我来听法""我来念佛"的念头，这是有间断的念，不是恒常的、真正的念；我们要培养的是真净本分常念之念。

佛陀的教法，教弟子们随时都能守好一念，于日常生活中，进退如仪，培养怡然的修行态度；而不是只在特殊场合才注意自己的言行举止，这样是"有念"。

我们若能真诚地念佛，将佛法与心会合，就不会有前念、后念之分，而能时时刻刻都在"净念"中，达到"念无念念、念而无念"的境界。

不过，一般学佛者不是执著于有，便是执著于无。执"有"者，心中总是存着"每天一定要做多少功课、读多少经"的念头；而执"无"者则认为：心外无佛，何必再念佛？

"念佛"，其实是下功夫除去心中的污染，通过比较——为什么佛陀有圆满的"德"，而我却没有，因此必须发心立愿，念佛心、学佛行，这才是念佛真正的目的。当心镜磨亮之后，即得念而无念的境界。

譬如进入一处黑暗的地方时，必须点灯才能看清里面的景物；但是火点着了以后，眼睛不要执著于"火"，否则将只看见火而看不清被照亮的景物。

而后两字"念念"就不同了，是有计著的、虚妄的念。有的人以为：只要不停地念佛，临终时阿弥陀佛就会来接引，却忽略了《阿弥陀经》中有一句话："不可以少善根福德因缘得生彼国。"不了解在念佛的同时，就要去实行大善根的因缘；若能福慧双修，才能达到"念而无念"。如果只是执著于念佛往生极乐世界，那就是"念而念念"了。其实，我们时时刻刻念佛，是希望将凡夫的人格化为佛格。

了解"念"的意涵之后,"行、言、修"这三项的意思也同样推测可知"行无行行,言无言言,修无修修",是说修行要真修,修到真正体证佛法的真谛,能应用俗谛来度人;亦即能真正脚踏实地去行,不是做给别人看的,也不执著于表相。若能如此,自然在语默动静中,能时时与道相契,无时无刻不是处在修行的气氛中。

"会者近尔,迷者远乎。"我们如果能领悟会道,真谛自然会现前,而能透彻一切人事物的道理;反之,就像堕入一片浓雾中,将会离道越来越远,最后终至背道而行。

听法是以耳闻、以音声入心,但不可执声为道;若执著在言语中,道就会离我们愈来愈远。真正的佛法,是无法用言语说得透彻的;因为佛法的道理很圆融,但是听在十个人的耳里,可能有十种不同的见解,因此不可执著于固定的说法方式。

又如走钢索的人,虽然他告诉我们平衡的方法,但是说归说、听归听,我们还是没有办法立刻学会这项功夫;一定要下苦功夫熟悉方法并且时时苦练,之后走在钢索上即能去来自如。

"非物所拘,差之毫厘,失之须臾。"我们的本性自由自在,不受世间任何事物所局限;但若稍微沾上"有""无"的执著,结果就会有天壤之别。正如我们常说的学佛要闻、思、修,如果只是口中念佛,而不深思念佛谛理,与学佛的方向,就有"差之毫厘、失之须臾"的遗憾。所以,一点也不能有误差。

唯有"念而无念",不断地"行无行行",而且言语诚实,才能达到"言无言言",这样才是真修实学的人。

· 第十九章 ·
假真并观

佛言：观天地，念非常；观世界，念非常；观灵觉，即菩提。如是知识，得道疾矣。

修行也需要作观想、分析事物，要时时刻刻观物修行，好好思惟。佛陀说大部分的人遇事都有所"执著"，因为执著而看不开，无法解开心结，所以佛陀教导我们这些观法。

"观天地，念非常；观世界，念非常"，句中的"念"是警觉的意思，要我们警觉天地万物没有一样是恒常的。一般人常会说"天长地久"，其实天不长、地也不久，因为天地的变化是无常的。

如果我们抬头看天，天真的在上面吗？其实天也是"空"，它是充满气体的虚空，不是实有的。众生心有执著、执其为常，才有物性的存在。所以，根本就没有"天"，那只是一种名相而已。譬如同样是天空，却因寒暑的变化而有四季不同的景象，所以也没有固定的天色。

而土地，也不是像人们所说的"永久长存"。据地理学家说，台湾岛原本并不存在，而是在难以计数的年代前的一次天灾地变中浮出水面，后来才逐渐形成"台湾岛"的生态。可见土地也会随着气候、地质的变化而跟着变迁，世间万物就是如此的变化无常。

像这样的生生灭灭，不是常存的。世间万物一切唯心，心外别无他物，当然也包括天地。因此除了心法之外，没有一样是实有的，能够如此思惟，才能去除"天地恒常"的执著。

不但天地宇宙万物没有一样是恒常的，即使对于整个世界也应该警觉其"非常"的现象。比如：世界有"成、住、坏、空"，这就是迁流变异。

"世"是指时间的迁流。"界"是方位、位置。时间迁流而有过去、现在、未来，但是也没有一个基准，譬如现在所说的"今天"是明天的过去，是昨天的未来，由此推算，时间的变迁没有定数，要如何分别定位？

方位也是一样，我现在坐在这里，这边看过来是东边，那边看过来是西边，到底哪个方位看的才是正确的呢？其实并没有固定的方向，只就个人当时的角度、情见而分别东西南北。近的范围是如此，远的范围也是一样，可见方位同样是不固定的。

"观灵觉,即菩提。如是知识,得道疾矣。"灵觉即灵彻的本性,也就是本来的真性。一般凡夫的心中,常存有"我、法"二执,面对外缘即产生偏见,现在既然知道外面的东西是虚幻、迁变无常的,就要反观自性;若能透彻明白外境皆是幻化,并且用心观照、去除心垢,智慧的光明自然会显现出来。

此章旨在破除众生的偏见迷执,看开天地世间一切的无常,由于世间就是这样的瞬息无常,我们更要好好把握时间,利益众生。

第二十章

推我本空

佛言：当念身中四大，各自有名，都无我者。我既都无，其如幻耳。

这一章教我们要以"四大假合"观人身，才能了解幻化的法门。前一章讲境界的幻化，但是人的智识深受世间物质所迷转，要他看破"世间一切物质都是幻化"非常困难，所以本章进一步提出要"观身幻化"。

我们的身体是由地、水、火、风四大聚合而成；一旦四大分散，身体就消失了。"地"是指身上坚质的东西，如：肉、骨、齿等；"水"是指身上的湿润物，如：泪、汗、血、尿等等体内的液体，属于水大；"火"是指身体的体温；"风"是指维持生存的呼吸。

这四大若是分开了，哪有一个"我"呢？以身体来讲，五根——眼、耳、鼻、舌、身是"我"吗？头是"我"吗？脚是"我"吗？都不是。它们各有各的名称，但是都不叫做"我"。

四大有任何一样不调和,身体就会生病,病的终点就是死亡;死亡之后,四大又各自回归自然界——尸水流出归水,腐肉归土,热气退散归火,呼吸停止归风,可见身体的四大,到最后仍归于宇宙四大。这样说来,身体还有什么可执著的?四大一散,还有一个"我"吗?完全了不可得啊!

除了人身之外,其他万物同样是由四大组成。譬如一棵树,它的硬质部分属于地大;树内的湿气、水分属于水大;我们用锯子锯树时,锯子的周围会冒出火花,可见它的内部有热能,这是火大;而一棵树的成长,当然也少不了风大。

由此可知,人身如此,身外一切的境界也是一样,都是幻化而成的,没有一样能永久存在。我们若能彻底了解这个道理,就不会对身相起执著,也不会过分贪爱物质,自然灵性也就通达了。

因为人心若稍有执著,结果将会有如天地之差。一个会道的人能透视外境的实相,他看所有的事物都是"全真",十分清朗;但是凡夫的心,只要有一念之迷就会离道愈来愈远,这就是俗与超俗的不同。因此,我们要拭去心中的垢染,放下我执,才有能力度化众生。

一个会道的人能透视外境的实相,看所有的事物都十分清朗;但是凡夫的心,只要有一念之迷就会离道愈来愈远,这就是俗与超俗的不同。

第二十一章

名声丧本

佛言：人随情欲，求于声名。声名显著，身已故矣。贪世常名而不学道，枉功劳形。譬如烧香，虽人闻香，香之烬矣，危身之火而在其后。

"人随情欲，求于声名。声名显著，身已故矣。"凡夫常因情欲蒙蔽真智，而汲汲于追求声名。但是，劳碌一生所换来的声名，究竟对人有什么好处呢？

人生无常，用尽一生精力去争取，一旦到了世人所谓可以享受的时候，人也往往步入衰老而行将就木了。

"贪世常名而不学道，枉功劳形。"句中的"功"字，是指专心在一件事物上。专心原是好事，但是方向若不正确，只会枉费时间。世界上很多国家常常为了争名而劳师动众，甚至萌生许多是非，隐伏了很大的危机。凡夫为了争名而劳碌身形，哪有时间学道？我们如果能把争取声名的时间，用来学道、增长慧命，进而身体力行，做利益人群的事，不是更好吗？

"譬如烧香，虽人闻香，香之烬矣。"因为名声就好比一炷香，等到人们闻到香味时，香炷也已经被烧了。同理，人的身体无时无刻不在"行蕴"中不断地代谢；等到出名的时候，寿命也将尽了。

所谓的"名"分成两种：一种是世间利益之名，一种是可以万古流芳的清名。世间的名要枉功劳形去追求，而圣者和高僧大德的名，都是清净、自然而得的，因此才能够流传久远。像释迦牟尼佛的圣德，已流传到两千多年后的今天，而佛陀当初修行并不是为了名，反而是为了舍弃名利而放下荣华富贵去修行，这种清高的德行才能永垂不朽。

总之，真谛的显露，不是为争取世俗之名而付出，最后反而能得到脱俗的清誉，能遍虚空界直到未来。"名者命也"，所以要好好持戒，顾好我们的形态与清誉。一般社会上的人士，对宗教不太了解，常带着有色眼光来看待宗教，所以，学佛人要好好保持最初的那一念真心，以身作则，谨慎地守戒修行，以免一不小心，在世俗人的眼中留下不好的形象。

"危身之火而在其后"，是指威胁我们生命的火还在后面。我们要好好珍惜时间，利用身形，安分修行，因为三界如火宅不停地燃烧，怎可再执取世间俗名而引火烧身呢？

孔子最得意的门生——颜回，他住屋简陋，吃饭用粗碗,喝水用瓢子,这般的粗衣淡饭,普通人没有办法过这种困苦的生活,但是"回也不改其乐",他并非没有当官、过舒适生活的机会,却能坚持志向、摒弃功名而安贫自得;因此,孔子才赞叹他:"贤哉回也!"像这种声名,才是真正值得效法并导引人心的清名。

· 第二十二章 ·
财色招苦

佛言：财色于人，人之不舍。譬如刀刃有蜜，不足一餐之美，小儿舐之，则有割舌之患。

这一章意旨在告诉我们：财色对我们来说，利益少而伤害多。

"财色于人，人之不舍"，"财色"是五欲——"财、色、名、食、睡"的简称，"五欲"，是世间人所爱著、争逐的，追求都来不及了，哪有人愿意舍离呢？

就像一把刀口上沾有蜜汁的刀子，小孩子只知道蜜是甜的，却不知刀口锐利；而他所贪著的那一点点蜜，是否足够饱餐一顿或供给他充分的营养呢？不可能。但是凡夫因为贪著五欲，时时刻刻舍不得放弃，看到财色就团团转，却不知身后有个陷阱、深渊。这就是迷惘的众生，像个不懂事的小孩，不知道利刃会割人舌头，只知蜜是甜的，便用舌头去舐刀口上的蜜，多么危险啊！

看看世间人为了五欲，在世俗中流转忙碌，起惑造业受苦；而学佛就是要推究造业的源头，舍离果报。五欲，在世间人看来是一件享受；却不知享受的背后，其实蕴藏着无穷的苦因。因此，我们要时时善自警惕，透彻万物皆是幻化，不要被五欲所迷惑了。

第二十三章

妻子甚狱

佛言：人系于妻、子、舍、宅，甚于牢狱。牢狱有散释之期，妻子无远离之念。情爱于色，岂惮驱驰，虽有虎口之患，心存甘伏，投泥自溺，故曰凡夫。透得此门，出尘罗汉。

这一章是针对出家的修行者而言，因为色欲不断，即使行大善，生欲界天，仍在六道轮回之中，无法出离证道，所以佛陀要弟子们深自警惕！而凡夫不知"情爱"如同一条绳索，所以甘于受缚。以佛陀透彻的智慧来观照世间，他深有所感，所以告诉弟子说："人系于妻、子、舍、宅，甚于牢狱。牢狱有散释之期，妻子无远离之念。"人常被眷属的情爱所捆绑，形成监狱似的束缚；因为一旦男有所执、女有所住，有了夫妻名分之后，责任便不得不负担，为了维持家计，彼此一定要有所牺牲。

若是犯罪入狱，还有期满出狱之时；但对家庭眷属的爱念，却难以挣脱，这是凡夫不得自在的原因。更严重的是——世间的罪恶，大多是在情爱的欲念中产生。

例如有一位先生，由于太太突然难产急需用钱，便向公司一位课长借钱；课长有钱却不肯借他，这位先生气急败坏地随手拿起墙边的铁条，失手打死了对方，造下终身遗憾的罪业。凡夫由于被业网所牵系，往往容易失去理性，造了无边的罪业。这就是迷情的凡夫，为情为爱，束缚了一辈子！

有些人在结婚之前，还不了解佛法，不知道私情小爱是烦恼之源；结婚之后，想要舍离俗家，进入如来家庭好好修道，已经不可得了，所以深感苦恼，因为一方面必须负担家庭责任，一方面想发心修道、舍离家庭，在两难之间非常苦恼。其实，学佛并不一定要舍离家庭，只要是真正有心学佛的人，在家修学，一样可以修身养性、护持佛法。

"情爱于色，岂惮驱驰，虽有虎口之患，心存甘伏"，情爱是非常危险的事，因为"一失人身，万劫难复"，既得此身，却又沉溺其中，不能自拔；这就如进入虎口般，随时有丧命之虞。但是凡夫却心存甘伏，宁愿被情爱束缚；正如犯案的人，明知被法律制裁极不自由，他还是抱着侥幸的心态去犯案，妄想逃过法律的制裁。

"投泥自溺，故曰凡夫。透得此门，出尘罗汉。"此处的泥是指"泥淖"，在深山里，常有所谓的泥淖，它的土质松软又深，若不小心陷落便无法自拔。这里用来比喻凡夫为了私情小爱，心甘情愿、不顾一切地自投罗网而不可自拔。

不论任何事，在耽著之前就要及时远离；若是处在欲境之中，内心也要十分明朗，要如明镜一般，境来照境，不被境所缚，身心清净，才能证得阿罗汉果位。

第二十四章

色欲障道

佛言：爱欲莫甚于色，色之为欲，其大无外，赖有一矣，若使二同，普天之人，无能为道者矣。

爱欲，是一种贪爱的俗念，也是生死轮回的源头。众生因无法透彻生死本源而堕入爱欲之流，以致越陷越深，难以自拔。

"爱欲莫甚于色，色之为欲，其大无外"，世间人最贪爱的莫过于"色"；色，泛指一切的物质，它具有占一定空间、会毁坏这两种特性。而世间男贪女爱之色，是其中的一种。

有了贪色之心，眼根就会被外境的色尘沾染而生起贪爱（心欲），三者（眼、色、心）会合之后，便有所行动；所以，色的引诱力很大。有人说"色胆包天"，外在"色相"的引诱力虽大，但是由内心所发出的欲念却更强，所以说"其大无外"，没有比色欲更大的力量了。

"若使二同，普天之人，无能为道者矣。"如果还有和色欲同样大的诱引力，那么就不须谈什么修行了。

世间男女经常在情爱中追逐不已。譬如有一方在不知不觉中动了心欲，做出追求的行动，若是彼此情投意合倒还好，若一方无意，另一方仍穷追不舍，就可能由爱生恨，甚至会生起毁害心。

例如：过去在屏东有个济助个案，案主是一位男士，他有一位女朋友。后来这位男士生起出世的心念，发心要出家修行，于是慢慢疏远女友，但是女友仍恋恋不舍。后来，长久无法如愿的女友起了瞋恨心，向他泼洒硫酸，结果这位男士不仅被毁容，眼睛也瞎了。由此可知，情欲之火，为害甚大！

有人说"色胆包天",外在"色相"的引诱力虽大,但是由内心所发出的欲念却更强。所以说"其大无外",没有比色欲更大的力量了。

第二十五章

欲火烧身

佛言：爱欲之人，犹如执炬逆风而行，必有烧手之患。

这一章佛陀明示修行者：不可沉迷耽染爱欲。因为爱欲为害甚大，犹如虎口，若是为了贪图一时享乐而冒险，后果将不堪设想。

就好像一个窃贼犯了偷盗罪，那些赃物能让他享用多久呢？内心在惶恐不安之下，即使让他享受了数天、数月或数年，一旦东窗事发，将会受到长期的牢狱之苦。所以，为了一时享乐，而将自己送入虎口，实在划不来。

何况"万般带不去，唯有业随身"，一个人过去生所造的业，究竟是善业还是恶业？可由今生的生活际遇看出端倪。

染著爱欲的人，就像举着一把火炬逆风而行般，势必会烫到自己的手；贪著爱欲之人，没有不堕落的。因此，爱欲不可近，否则稍一不慎，就会惹火上身。

更何况我们以出世的精神做入世的事业，虽然周遭有不净的爱欲之境，也应洁身自爱，好好护持本性，不要沾惹爱欲；若是耽染爱欲，不仅会损害自身的慧命，连入世的事业也难以做得圆满。

第二十六章

天魔娆佛

天神献玉女于佛，欲坏佛意。佛言：革囊众秽，尔来何为？去！吾不用。天神愈敬，因问道意。佛为解说，即得须陀洹果。

本章讲述佛不但不为魔所扰乱，更进而教化魔的经过。魔是一种障碍，它有两种。一种是外魔，它会运用外境来扰乱修行者的心。一旦有人发菩提心出家，难免会有一些逆境、烦恼现前；或是有人攻击，或是以欲诱引、束缚、障碍，这些都是身外的魔。另一种魔是内心自起的无明烦恼，它会扰乱、障碍自己的道心。例如有些人发心出家后，外境非常顺利，但是内心却很混乱，这就是心魔。

"天神献玉女于佛，欲坏佛意。"文中的"天神"，指的是魔王波旬。魔王有统领三界的欲望，一旦有人发心出家，要出离三界，他就会惊怖不安；因为，世间若是多了一个修证的大觉圣人"佛"，魔子魔孙将会大为减少，所以，魔会想尽办法来扰乱修行人的道心。

悉达多太子成道前,魔王便派了很多魔军、魔女前来扰乱,但是太子的意志十分坚定,突破了魔女魔将的关卡,成道了!佛与凡夫的差别就在这里。意志坚定的人,即使逆境或欲境当前,也能不为所动;但是一般凡夫,纵然有智识,却往往受情欲的诱引而迷失自我。

佛陀成道后,魔王再度献来玉女,意图扰乱佛心;但是,佛陀的心境透彻明达,不但不受女色所诱引,反而对玉女们开示道:"革囊众秽,尔来何为?去!吾不用。"身体是包藏着污秽之物的臭皮囊,你们来这里做什么?去!不用待在这里,我不需要你们。在这里,佛陀警示修行者:人的身体不论再怎么洗,都无法真正达到清净。在夏天会流汗,只要一天不洗就气味难闻;若是一口气上不来时,过不了多久,尸臭的浓烈、尸身的丑态便一一暴露,又有什么可爱的呢?

"天神愈敬,因问道意。佛为解说,即得须陀洹果。"天魔眼见佛陀道心坚定,因此愈加钦敬,便向佛陀请示教法。佛陀就为他们讲解"苦、集、灭、道"四谛法;当下,每个人都证得须陀洹初果。

有句话说:"邪不胜正。"只要我们心诚意正,邪自然不能入侵。佛的心量,非常的正确;而有些人之所以会着魔、中邪，就是因为心念不正。我们学禅打坐时，方法若不对，心一静、气也弱，外境一显现，心就很容易生执著，这时若无正念，认假为真，邪幻就会乘隙入心，那就不得自主而被邪魔幻听幻相所左右了。

所以，学佛者要注意，很多着魔的人，有时甚至会听到平常人所听不到的声音，这是幻相的作祟，他的心若做不了主，会产生很可怕的后果。因此，修行者心要时时保持正念、正思惟、正见、正定，不要执著，才不会受幻境所动摇。

第二十七章

无著得道

佛言：夫为道者，犹木在水，寻流而行，不触两岸，不为人取，不为鬼神所遮，不为洄流所住，亦不腐败，吾保此木决定入海。学道之人，不为情欲所惑，不为众邪所娆，精进无为，吾保此人必得道矣。

这一章，佛陀教导修行者一定要直心正念，远离情欲障碍，方能得道。

"夫为道者……吾保此木决定入海。"是形容想要学道的人，就好像将一根木头放进河中——木头若是顺着河中央直流而下，便不会触及两岸，也不会被人取走；更不会被鬼神（指其他杂物）所遮阻，或流入漩涡中原地打转而逐渐腐坏。如此顺流而下，木头最后一定会流入大海。

"学道之人……吾保此人必得道矣。"是指学道的人若能专心一意向前直行，不受情欲所迷惑，不被邪见邪思所扰乱，将来必能进入佛法之海而得道。就如那根在河中央的木材一样，若能取"中道"顺流而下，毫不偏斜，就能顺利流入大海。

修行人若被爱欲的情网所缠，道心就不得自在；这如同河里的木头在半途就被取走，而无法流入大海一样。

人生几何？学道者要好好把握时光，与时间竞争；否则时日不待人，不进则退。所以，凡事一定要直心精进，这就要有恒心，不可一曝十寒！不要今天发心学习，过后又耽溺于外境，找尽借口懈怠，或是执著自己行了多少善、救了多少人……这些都是自我障碍。总之，学佛一定要彻底体悟，才能深入浩瀚的佛法大海中。

修行人若被爱欲的情网所缠，道心就不得自在；这如同河里的木头在半途就被取走，而无法流入大海一样。

第二十八章

意马莫纵

佛言：慎勿信汝意，汝意不可信；慎勿与色会，色会即祸生；得阿罗汉已，乃可信汝意。

这一段文是佛陀告诫出家弟子们，要时时刻刻警惕自己，不可太相信自己的痴心意念。因为凡夫无明，意志薄弱，容易受物欲所摆布。而且，还要小心避免招惹色相；因为心若沾染外境的色，尤其是男女之欲，一切罪恶因缘就从此产生。

除非是证得阿罗汉果时，才可相信自己的意念。阿罗汉的意境是见色不动心，能透彻世间一切物质的真谛，而不再被外境所迷惑，所以这时才能相信自己的意念。

佛陀在本章指出，众生自无始劫以来心猿意马、意志不坚，因此心常被无明蒙蔽。

例如：有许多学佛的人，在一开始常常做了很完善的计划，很有信心，也很坚定地朝着目标前进。但是，经过一段时间之后,所行、所学的往往无法突破无明执著,无法确实拿来应用。

因此,我们要常常自我警惕:是否依然保有初发心?是否能对境不生心?是否能对情爱不起痴执意念?若心念不定,与色欲交会时,即易惹祸生灾。

此外,还要进一步推究、认识真谛的道理,这就必须时常亲近善知识,依循善知识的督导、指引,努力修学;等到证了阿罗汉果后,才算真正得自在,可以任意自信而不逾矩。

我们要常常自我警惕：是否依然保有初发心？是否能对境不生心？是否能对情爱不起痴执意念？若心念不定，与色欲交会时，即易惹祸生灾。

第二十九章

正观敌色

佛言：慎勿视女色，亦莫共言语；若与语者，正心思念：我为沙门，处于浊世，当如莲华，不为泥污。想其老者如母，长者如姊，少者如妹，稚者如子，生度脱心，息灭恶念。

这一章是佛陀警惕比丘们要远离女色，以防过失，以及开示灭除恶念、生善念的方便法门。

世间有很多罪业都由女色所产生。所以，佛说："慎勿视女色，亦莫共言语。"不要看女人，女人看不得！因为凡夫心意不定，容易被外境诱引。欲界众生最重的欲念就是淫、食两欲，所以出家修行者应该谨慎，不可与女人独处，在心念上也不可贪爱女色。

自古有多少国君帝王为了美人而丢掉江山！现在的女性常在衣着上暴露身态，诱引男人的心思。本来凡夫的色欲心就已经很重，很难控制心猿意马的色欲，何况有暴露的美色在引诱，怎能不动心？所以，修行者要好好自我警惕。若是警觉自己心在动摇，就不要与女色有所接触，远离色欲的境界，以免造业。不只要避免注视女人，而且不可和她说话，因为除了女身娇态会诱惑人心，娇声柔语也会诱引人。

《法华经·安乐行品》中云："不与小女、处女、寡女等共语……若为女人说法，不露齿笑。"所以，修行的比丘不要和女人单独说话，以免引人讥嫌。

"若与语者"等六句，是指不得不与女人说话时，要正心思念，并警惕自己：我是沙门，虽然处于五浊恶世，也要像莲花一般，不被污泥所染。

"想其老者如母，长者如姊，少者如妹，稚者如子。"要观想那些女人如亲人般，年龄比我大的，像是自己的母亲；年龄相仿的，像是我的姊妹；年龄幼小的，像是我的子女。以此净心正念，就不会产生污染心。

"生度脱心，息灭恶念"，不但自己要保持戒体清净，还要对这些女人生起度脱心。像本经第二十六章"天魔娆佛"中提到"天神献玉女于佛，欲坏佛意"，魔女要来扰乱佛心，佛不但不受诱引，还趁机说法感化、息灭她们诱惑的恶念，并导入正途。

不过，有一句话说："色不迷人，人自迷；酒不醉人，人自醉。"有时也不能将罪业全归咎于女人，因为有些男人的内心会自起邪念。一旦与色相会，就无法自我控制而造作罪业，所以，佛陀教导修行人"慎勿近女色"；进一步，若能守持戒律，以不净观治淫心，就能息灭恶念。

因此，我们要时时刻刻正心思念。不只男性如此，女性也要很谨慎，要常常自我警惕，不起"色欲"之心，若能如此，方能学道有成。

第三十章

欲火远离

佛言：夫为道者，如被干草，火来须避。道人见欲，必当远之。

本章强调："六根犹如干草，六尘如喻烈火，未到心境两空，应修远离胜行。"

"夫为道者，如被干草，火来须避。"修行人对欲念要谨慎防范。就如自己身上穿着一件干草衣，因为容易被（欲）火引燃，所以看见火要赶紧走避。

世间的五欲就如火种，容易使人惹火烧身，因此修行人一定要远离欲境；要像"干草畏火"般地谨慎，不可耽染欲念。

我们的六根——眼、耳、鼻、舌、身、意，有如干草；六尘——色、声、香、味、触、法，好像烈火。两者一接触就会引燃，烧成灰烬；因此，修行功夫未到时要远离六尘之境，修清净行。

第三十一章

心寂欲除

佛言：有人患淫不止，欲自断阴。佛谓之曰：若断其阴，不如断心。心如功曹，功曹若止，从者都息；邪心不止，断阴何益？佛为说偈："欲生于汝意，意以思想生；二心各寂静，非色亦非行。"佛言：此偈是迦叶佛说。

本章主旨在讲"心"，申明要断欲须先断心，不断心而断阴是没有用的。

"有人患淫不止，欲自断阴。"有一位修行人，对自己时时生起淫欲的心念，感到非常痛苦。但他不知痛苦的源头在哪里，以为就在淫根，因此想要自断淫根。

"佛谓之曰……从者都息"，是佛陀告诫弟子：要断淫根，不如断淫心。因为"心如功曹"，功曹为汉代官名，主管一郡一切大小政务；心也一样，什么事都想，所以只要心的源头一断，就不会有身形的造作了。

"邪心不止，断阴何益？"邪心若不断除，光断淫根又有什么用？因为痛苦是来自心无法停止淫念的苦，而非淫具本身；因此，要断淫根，不如断心。

"佛为说偈……此偈是迦叶佛说。"是佛引用过去迦叶佛说过的偈语，进一步为弟子作解释——淫欲生于心意，而心意又从思想中产生。

"二心各寂静，非色亦非行"，若能断除"作意"和"思想"这两种心，纵然再接触外境，也不会生起任何作用了。见一切色如镜中像，即是非色，观一切行如泡沫，即是非行，此为佛陀所教导的调心方法。

由此可见，心意活动的范围多么大啊！心若不调伏，便会使人造业，堕入恶道。反之，心若能为善，功德也很大！所以，要好好调伏自心，断除恶念，增长善念。

佛法教化世人有所分别，这一章也是针对出家修行者而言，因为出家人修清净行，必须完全断淫；而在家居士，只要守不邪淫、不犯外色即可。有些在家居士亲近佛法后，以为不可犯淫戒，夫妻必须远离，但往往各执一端而造成婚姻不美满，使家庭失和，这是对佛法了解不透彻所致。学佛，必定要取中道，在家居士若能善加引导另一半，将家庭转为佛化家庭，夫妻同心同修，如此家庭就会圆满幸福。

第三十二章

我空怖灭

佛言：人从爱欲生忧，从忧生怖，若离于爱，何忧？何怖？

本章指出忧怖的来源是因为心中有爱欲；若能放下爱欲，就不会有忧怖心。修行，就是要尽量去除烦恼心；要能不烦心、不忧愁，除了"断欲去爱"别无他法。

"人从爱欲生忧，从忧生怖。"爱欲使人心生忧恼。人心缘境，便会有所感受；缘顺境是乐受、喜受；缘逆境则有苦受、忧受。

人人都有爱欲、希望，但是世间无法事事满足，因为不如意事往往十有八九。所以，希望越高，忧虑就越多，心也就跟着不安而恐怖，患得患失，这是"怖畏心"。由此可见怖畏、忧惧，大都是由爱欲所产生。

"若离于爱，何忧？何怖？"人若能离开爱欲，就不会受烦恼所扰乱。如此一来，哪还会有忧怖、痛苦呢？须知忧愁、悲恼对人的心理扰乱很大；人生至苦，莫过于此！

那要如何断欲去爱呢？这就要从佛法来推寻。众生无始以来，妄认"四大"的身体为"我"，这是由于众生并不了解"身命"是什么的缘故。我，是不是真正的"我"呢？它只不过是个假名相而已。身躯是由"地、水、火、风"四大元素所构成，倘若四大分离，哪还有"身"呢？

其实，心是借"根"*来缘外面的"尘"而起分别；一般人执著地认为：外面的境是真实的，而日日追逐不已，不知它只不过是人心所缘的相而已，这就是人的迷执。

学佛人要如何破迷去执呢？唯有时时以四念处——"观身不净、观受是苦、观心无常、观法无我"来反照观察；能够如此，爱欲心自能断除，忧怖心也会跟着去除。

人的身体受伤后会肿、烂、脓、臭；这个臭皮囊，哪里值得我们处心积虑地追逐外境来满足它呢？所以，当我们想追求外在物质来装饰身体时，就要"观身不净"。

而人的爱欲心，无时无刻不在迁变，是个无底坑；我们怎可一辈子为了爱欲，无止境地忙碌身形追逐执著？如果能"观心无常"，觉悟到爱欲并无法满足我们的心，这样对外境就不会生起执著。

---

* 根指"六根"——眼、耳、鼻、舌、身、意。尘指"六尘"——色、声、香、味、触、法。

再者"观受是苦"，如果能时时推究自己的感受——目前所享受的快乐究竟能维持多久？平时我们所接触到的人事物，大都不尽如意。如果以不择手段的行为来满足欲望，在未来生生世世当中，所受的果报都将是苦的！若能这样推究，欲念就全消了。因为"万般带不去，唯有业随身"，有此觉悟，自然能敲醒爱欲的念头。

最后"观法无我"，一切有为法没有一样是真实不变的。既然不真实，有哪一样是"我所有"的呢？追根究柢，"爱欲"对人有什么用处呢？我们若能如此深思，爱欲自能断除，忧怖也就没有了。

所以，修行人要常常运用"四念处"来护身，把原有的衣袍，换成"四念处"的智慧大衣，欲火才不会延烧入心；如此，便能去欲、远离忧怖、身心轻安。

修行人要常常运用"四念处"来护身,把原有的衣袍,换成"四念处"的智慧大衣,欲火才不会延烧入心;如此,便能去欲、远离忧怖、身心轻安。

第三十三章

智明破魔

佛言：夫为道者，譬如一人与万人战，挂铠出门，意或怯弱，或半路而退，或格斗而死，或得胜而还。沙门学道，应当坚持其心，精进勇锐，不畏前境，破灭众魔，而得道果。

在本章中，佛陀教学道者应坚持"三无漏学"。什么是"三无漏学"？即戒、定、慧。我们要去除烦恼，学道要有所成就，绝对不能缺少三无漏学。

"佛言：夫为道者"等七句，是指学佛人应有威猛的精神，就如战士上前线打仗一样。古人打仗，上阵前要穿上铠甲；"铠"就是铁甲、战衣。出征后如果没有勇猛心，就会临阵怯懦而阵亡或半途而退。

学道之人，应具足"戒定慧"三无漏学，以降伏内心的杂念。但是无始以来，凡夫虚妄的习气、妄念却很多，这种杂念心也是由一念妄心生起；就好像小孩子玩肥皂水，以一根吸管沾着肥皂水，就可以吹起一粒粒五彩的水泡。

这些妄念时时迷惑着凡夫，学道的人要克服杂乱心，有如和万人作战一般，应当坚持道心，具足勇猛的毅力向前精进。

若要使外境不染于心，必须修行守戒，就如战士披挂铠衣上阵，才不致受伤；如此，不仅戒体不会受到污染，也能使学道者勇猛精进，所以"戒"是护心、护身的法宝。

"沙门学道"等六句，提醒学道者一定要坚定道心，临阵无惧，专心一志于道业，不可怯懦！纵使外面有千军万马之敌，也不可心生畏惧；反而要提起大丈夫的勇猛心及克服逆境的气魄，绝不被魔境打退道心。

学道若是没有充分智慧和勇猛锐利的精神，容易退失道心，在初发心时虽然很热诚，但是后来却慢慢地退失了。这就是定力不够，慧力不具足，没有勇猛的精神；若能坚心一志地向前精进，就不会半途而废，这就是定的力量。

修行一定要有殉道的精神，否则无法成就道业；殉道的精神就是要有勇猛的心志，志若不坚定，慧力就无法产生。譬如赴战场，而且在战场上需一人对付万人；修行则是以一心对治万念，所以必须具备"戒、定、慧"力，才不会半途而退，尤其慧力则可以"一人敌万人"，也就是一心可敌过万念。

总之，学道要具足三力：挂铠临阵的精神（戒力），不半途而退的毅力（定力），以及与万人格斗的慧力。必须三力合一，才能破除无始的魔障而证得佛果。

第三十四章

处中得道

沙门夜诵迦叶佛遗教经,其声悲紧,思悔欲退。佛问之曰:"汝昔在家,曾为何业?"对曰:"爱弹琴。"佛言:"弦缓如何?"对曰:"不鸣矣。""弦急如何?"对曰:"声绝矣。""急缓得中如何?"对曰:"诸音普矣。"佛言:"沙门学道亦然。心若调适,道可得矣。于道若暴,暴即身疲。其身若疲,意即生恼。意若生恼,行即退矣。其行既退,罪必加矣。但清净安乐,道不失矣。"

这一章是佛陀为弟子开导学道的方法,学道一定要折衷,不要过急,也不要怠慢;如果心急反而会退步。所以,学道者一定要时时保持身心的平衡。

佛在世时,僧团中有一位沙门因为学道心切,彻夜不休地读诵《迦叶佛遗教经》;迦叶佛是释迦牟尼佛之前的古佛,将入涅槃时也留下一部《遗教经》。

这位沙门一面诵、一面思考他的学道境界,深深觉得自己离《遗教经》中的境界还差很远。因此越读内心越悲切！以为自己的智慧无法接纳佛陀的教法，因而退失道心。佛陀知道沙门有这样的苦恼后，就安慰他，并问道："你以前在家时，喜欢做什么事呢？"沙门回答："爱弹琴。"

佛问沙门："琴弦如果太松了，弹出来的音会如何呢？"

沙门说："弦如果太松，就弹不出声音了。"

佛陀再问："弦如果调得很紧，又会如何呢？"

沙门说："弦如果调得太紧，弹太急时会断掉！"

"既然太松弹不出声音，太紧又会断掉，那么，若琴弦调得松紧适中，弹出来的音又是如何？"

沙门说："弹出来的声音就会很美、很动听！"

佛陀说："学道就像弹琴一样，弦不可调得太松或太紧；同样道理，沙门若将身心调得适中，必可得道。"

有些人一发心，就舍身忘命地追求佛法；但是往往道还没有求得，身就毁灭了，或是中途道心退失。像这样，佛法永远追求不到，所以，在得道之前，一定要好好地调养身心；若能身轻心安，得道就不困难了。

"于道若暴，暴即身疲"，这句经文就和"暴饮暴食"的道理一样。为了求道而不择时节，最后造成身体的不调和，像这样只会使身体更为疲劳。

要知道，凡夫的习气很难在一朝一夕间去除。所以，如果过度追求，所招感的不但对道业无益，对身体也很不利。

"其身若疲，意即生恼"，凡夫的身体一有病痛或者感到疲累，必定会觉得不耐烦，不仅智慧无法开启，反而增加烦恼。何况身体为了修道，一直拜呀拜的！只是诵经却不了解经中的意义，光是大声诵读，便认为可以开启智慧，那是不可能的。总而言之，像这种做法想开启智慧，是"舍本逐末"啊！

"意若生恼，行即退矣。其行既退，罪必加矣。"由于求道过急，心便无法平静；心愈不平静烦恼就愈多，烦恼愈多就会生起退心。若随着烦恼而造业，如此，罪业必然会加重。

再者，每个人都有烦恼，就连菩萨的心也有缘境，缘什么境呢？"菩萨所缘，缘苦众生"，众生的一切苦境，就是菩萨心中时时刻刻所缘的境界；这种境界也是一种负担，所以说，心要完全没有烦恼，是很不容易的。学佛，就是学在这里，只要我们不把负担当烦恼，就能去除烦恼，则身心清净，轻安自在，道必不失矣！

只要我们不把负担当烦恼,就能去除烦恼,则身心清净,轻安自在,道必不失矣!

第三十五章
垢净明存

　　佛言：如人锻铁，去滓成器，器即精好。学道之人，去心垢染，行即清净矣。

　　本章指出，要明心见性，首先须去除心的垢染。"如人锻铁，去滓成器，器即精好。"修行就如炼铁一般。铁要经过一番冶炼、去除滓渣后才能成器；成器之后，还要放入洪炉中烧烤、锤打。如此，才能炼出精致完好的器皿。

　　"学道之人，去心垢染，行即清净矣。"学道之人，无非是希望能找回自己的本来面目（佛性）。因此，一旦心中有了垢染，就要设法除去，清净的本性才能显露。就好比一盏电灯，如果你希望它能够很明亮，就须先将外面的那层玻璃擦拭干净才行。

　　所谓"暗去明存"，黑暗去除后，光明就能存在。人人本具佛性，只因被烦恼遮蔽而无法外露。就如铁器的本质原本就很坚硬，只要去除杂质就能制成精纯的器物。同理，我们要回复清净、光明的佛性,一定要先将杂念等烦恼习气去除才行。

人人都有圣人的本质,只要将世俗的凡情、杂念去除就能显现,而不必再另外寻觅。一个人的气质,要在日常生活中磨练;去除了坏习惯,良好的气质自然会在举止行动中表现出来。

又好比眼疾,"翳"就是眼疾,有遮障的意思。眼睛的瞳孔如果没有被遮住,看外境必然十分清楚!但是眼睛如果长了"翳",就要设法除去,才能重见清晰的境界。

学佛者要成佛作祖,端视自心能否净化。若能用功清净心地,佛性就会现前;反之,如果受了污染,就无法分辨外面的人我是非。

众生自无始以来,受到环境的影响而养成各种习气,而且大都是由贪爱所引发的愚痴、嫉妒、傲慢等恶习。学佛,首在修养自心、洗涤内心的垢染;垢染若是去除了,清高的气质就会自然显现。所以,修行要从内心修起,而这必定需要经过一番锻炼才行。

学佛,首在修养自心、洗涤内心的垢染;垢染若是去除了,清高的气质就会自然显现。

第三十六章

展转获胜

佛言：人离恶道，得为人难；既得为人，去女即男难。既得为男，六根完具难。六根既具，生中国难。既生中国，值佛世难。既值佛世，遇道者难。既得遇道，兴信心难。既兴信心，发菩提心难。既发菩提心，无修无证难。

本章辗转明白地告诉我们：人生难得的事很多，而我们都得到了。因此，我们要好好把握因缘，不要失去良机。

究竟有哪些事是难得的呢？"佛言：人离恶道，得为人难"，在三界六道中，要离开恶道很难，因为恶道是下堕；众生向下堕容易，向上升很难；所以，要生为人很难。人从无始以来，只为了一念无明，在三界六道中迷转不息；纵使能离开恶道，要转生为人也并不容易。

所以，我们得获人身应该庆幸，因为只有在人间才有机会修行，人间可说是"五趣杂居"地，"五趣"，除了地狱、饿鬼、畜生之外，还有天道及人间（阿修罗遍及五趣）；"杂居"，无论是圣凡、善恶，全都处在人间，正由于人间非常复杂，才有机会修行。就如玉要光洁，一定得经过一番琢磨般；修行也是一样，必定要冲破一切恶劣环境的难关，才能显出圣贤的本质。

"既得为人，去女即男难。既得为男，六根完具难。"过去一般人普遍都有"重男轻女"的观念。即使现在观念已经改变很多，但是女人的生理还是有许多的不便，很多男人不必受的苦，女人却必须承受。不过，也不可据此认为女人就无法发挥良能。例如：观世音菩萨累生累世都示现女身，来人间化度众生。由此看来，佛教也很尊重女人慈悲的特质。不过，"去女即男难"指的是女人通常体力较弱，尤其古时候的女子要能够开扩眼界、成就大丈夫的气概，确实很困难！

纵使生为男子身，要"六根完具"也很难！六根就是眼、耳、鼻、舌、身、意。人生无常，在慈济救济的个案中，有很多是六根不完具的人，这些人要在社会上谋生非常不容易！这只是"身"的六根，另外还有"心理"的六识，譬如见解不端的人，就等于是眼根不完备一般。再以耳朵为例，它可以用来分辨外面的声音，使我们了解道理；但是，有些人正当的教法不肯接受，却喜欢听一些不好的靡靡之音,像这样,有耳朵反而增加了自己的烦恼,而且助长了罪业。

"六根既具,生中国难",纵使六根完具,要生在高文化、高教育水准的地方也很难。"既生中国,值佛世难",虽然生在文化中心、教育水准高的地方,要遇到佛世也很难。

"既值佛世,遇道者难。既得遇道,兴信心难。"不说三千大千世界,就以娑婆世界来说,地球也算是不小了。释迦牟尼佛出生在印度,纵使能与佛同世,但是要能真正得到佛的教法却很难。即使有因缘与佛法僧三宝接近,但要提起信心也很难!

一般人大都是有所求而拜神求佛,这种不是由内心求智识所引发的信仰,并不是真正的信仰。

学道最重要在于智信——从内心发出信仰,依循教理,进而升华自己的人格,这才是真正的智信。所以,佛陀说:"信为道源功德母,长养一切诸善根。"得道是从正确的信仰中得来的,这样才能长时间培养自己的善根。

"既兴信心,发菩提心难",既然有了正确的信仰,也体悟到佛法是人生的至理而起欢喜心,除了认真追求智识之外,还必须发菩提心、身体力行才行。

有许多学者虽然深信佛法的奥妙,也很认真地研究,却只在文字上追求文字般若,只想知道文章和义理的分析,这也无法产生真正的信心！

所以，我们除了要真诚用心去探究佛理外，还要发菩提心，也就是大道心；追随佛陀的足迹，脚踏实地去实行，真正发"上求佛道，下化众生"的心，担起救世的事业，这才是真正发菩提心。不过，很少有人愿意脚踏实地负起如来家业，所以说"发菩提心难"。

"既发菩提心，无修无证难"，纵然发了菩提心，但是要达到"无修无证"的境界却很难。"无修无证"即"无我相"的境界，人人佛性平等，学佛一定先要去除"我相"，真修实学，才能逐步地进入无修无证的境界。

·第三十七章·
念戒近道

佛言：佛子离吾数千里，忆念吾戒，必得道果。在吾左右，虽常见吾，不顺吾戒，终不得道。

这一章完全讲"心念"。心若能时时依教奉行，就是近佛；心若离道，就离佛很远了。所以，这里指的距离并不是有形的，而是论心，心若时时持戒，就与佛很接近。

"佛子离吾数千里，忆念吾戒，必得道果。"佛陀说：真正的佛弟子虽然离我数千里之远，只要他能时时忆念、实行我的教法，将来一定能得道证果。

"在吾左右，虽常见吾，不顺吾戒，终不得道。"如果常在佛的左右，时时见到佛，却不能顺从佛的教诫，还是不能得道。

多年前，我讲了一部《药师经》，隔年，有一位家庭主妇，她只是听到我在录音带里所讲的"在家五戒"，虽然她没有见过我，但是从那天开始，她就持守清净戒，直到今年

（一九七九年）来参加打佛七，在这五六年漫长的时间里，她持戒不断。

这位善女人是一位很平凡的家庭妇女，但是她光听录音带便能持戒坚定，使我非常感动。虽然她离我很远，不过，这部经的要义已深深印入她的心坎里，她说过去她很少听法，而这部《药师经》使她获益匪浅，所以虔心依教奉行；她也觉得师父时时在她面前。

所以学佛者必须听法、思惟并且实行，才能得道。修道就像走路一样，只要方向正确，走久了终能到达目的地；如果不走，路永远是那么的遥远。

佛教有一则公案——佛陀时代有两位比丘结伴要到舍卫国谒见佛陀。他们走了很长的一段路之后，感到非常口渴。正好他们来到一口井水边，其中一位比丘赶紧汲水，一饮而尽；另外一位比丘看到水里有虫就不喝水。

那位喝水的比丘问他："你不是也很口渴吗？为什么现在有了水却不喝呢？"不饮水的比丘回答："世尊曾经制戒，教我们不可饮用有虫的水。所以，我要奉持佛戒。"

其实，佛要我们不饮用有虫的水，有双重意义：一是顾虑到卫生，喝不干净的水对身体有害；二是水中若有虫，喝了等于杀生。所以，佛禁止比丘饮用有虫的水。

不过，那位饮水比丘又再度劝说："路途还很遥远！你如果不喝水会渴死,那就见不到佛了。"

不饮水的比丘回答:"我宁愿丧失生命,也不愿破坏佛陀的教诫。"他就这样渴死了。

由于持戒,不饮水的比丘往生之后,灵魂便转生到忉利天,具足天人的庄严身形。当天晚上,他立即到了佛的处所。他先向佛顶礼,然后听闻佛法,当下证得"法眼净";法眼净就是证了真谛的道理。而那位饮水比丘,再经过两天的跋涉才到佛处。

佛虽然知道这两位比丘结伴而来,以及中途所发生的事,却故意问饮水比丘:"你从何处来?可有同伴?"饮水比丘便据实向佛禀告之前所发生的经过。

佛陀说:"你没有守持戒律,根本没有见到我!你的同修(结伴的比丘),已经先你而见到我了!"可见,学佛一定要守戒重道;若是放纵轻道、不守戒律,就会离佛很远。修行者不可不留心!

修行就像走路一样,只要方向正确,走久了终能到达目的地;如果不走,路永远是那么的遥远。

第三十八章

生即有灭

佛问沙门:人命在几间?对曰:数日间。佛言:子未知道。复问一沙门:人命在几间?对曰:饭食间。佛言:子未知道。复问一沙门:人命在几间?对曰:呼吸间。佛言:善哉!子知道矣!

佛问弟子:"你知道人的生命有多长吗?"

弟子回答:"大概在数日间吧!"

佛说:"你还不了解'生命无常'的道理。"

佛又问另外一位弟子:"人命在几间?"

弟子回答:"在一顿饭的时间。"

佛说:"你对无常的道理,还没有透彻了解。"

佛再问一沙门:"人命在几间?"

这位弟子回答:"人命在'呼吸间'。当一口气呼出去,如果不再吸进来,气断了,生命就已结束。"

佛陀欢喜地说:"很好!我所说的无常之理,你已经了解了。"

　　这一章，佛警惕世人，生命是很无常短暂的，只在一呼、一吸之间而已！有呼吸时，是有生命的人；如果一口气出不来，生命便结束了。

　　所以我们要把握时间、爱惜生命；要运用有限的生命，做应做的事，行当行的路。只要有一口气在，就能多行一步；如果一口气断了，修道的路就遥遥无期。我们在六道中轮回，倘若一念无明生起，而与佛法断了缘，将来要"会遇佛道"必定困难重重。

　　我们乘过去生所造的业，感受今生的依、正二报——环境、身相各自不同的果报；而"本识"的种子就存在我们心意中，"舍此投彼"就是依这些种子，这是永远存在的。凡夫含藏着这些种子，佛也是不离这个本性，但是佛已转识成智，不再堕入轮回。三界六道众生则在其中"生根发芽"轮回生死，众生依本识种子而有一期期的寿命，所以身体不是坚固不变异的，身体既不坚固，时间也极有限，尤其分分秒秒不断在消逝，因此要好好把握时间，莫让无常而短暂的生命空过，要用心精进。

　　在此举一则公案——

　　古时西域有一位国王，他不相信佛法的教理。有一天，他问一位祖师说："我看到外道修种种的苦行，尚且不能断除淫心；而你们这些出家人在四事（饮食、衣服、卧具、医药）如意的情况下，又怎能断欲念烦恼呢？"

祖师听了，便请国王做一项实验：释放狱中的一名死囚出来，然后令他双手高高捧着满满的一碗油，在大街道游行，并叫四个人持刀紧跟在后。如果一滴油都没有溢出来，就赦免他的死罪；但是若溢出一滴油，就立刻斩首。另外又命一群美女在一旁歌舞作乐，作为测验。

国王就照祖师的要求去进行。结果，那位死囚走完一遭后，油一滴也没有漏出来。国王便依约赦免他的死罪，并问他："刚刚走在街道上，可有听见或看到什么吗？"

这位捡回一命的死囚回答："当时我唯恐碗里的油滴落下来，生命就不保了；因此，我只看到手中这一碗油，其他的完全没看到，也没听到。"

祖师就对国王说："这名死囚为了生死事大，尽管有歌台舞榭也视若无睹。更何况沙门所关注的是无数劫以来的生死流转之苦，怎能不战胜淫欲呢？"而那些外道的人，并没有透彻无常的真谛道理，所以无法断除欲念烦恼。

国王看过这个试验之后，终于相信了。一辈子的生死都这么在意了，更何况沙门的心志是要自度度人；出家人就是因为体悟无始以来无数生死的痛苦，而不敢耽染淫欲。因此，我们应该知道人命是在呼吸间啊！

所以，我们要尽今生此世，好好地把握时间、爱惜生命；并将它运用在修行上，好好地深思，再脚踏实地去身体力行，兼利他人。

· 第三十九章 ·

教诲无差

佛言：学佛道者，佛所言说，皆应信顺。譬如食蜜，中边皆甜，吾经亦尔。

"学佛道者，佛所言说，皆应信顺。"这句是说学佛的人，不可有分别心。凡是佛陀所说的教法，都应当信顺，用心去研究。

"譬如食蜜，中边皆甜，吾经亦尔。"就像吃蜜，不论杯中或杯缘的蜜都一样的甜；佛陀的教法也是一样。佛陀在人间说法四十九年，他的教法适合各种不同根机的众生。在浅显的道理中，包含着很深的义理；而高深的道理，也能发挥在日常生活中，成为很普遍的教法。因此，不仅智识浅的人能了解，欢喜信受，智识高的人也能真心地信顺，这就是佛法的圆融与价值。只要我们好好去运用，就能契理契机。

以前我曾经说过，佛法就像一颗很硬的糖果，对没有牙齿的人来说，这颗糖放在口中含着，能够尝到糖的甜味；对有牙齿的人来说，在口中咀嚼更能尝到那份甜味的质感。但是若不会运用，就像没有牙齿的人却硬要一口咬下糖果，牙龈可能会受伤、流血。所以，要深深去思惟、体会。

曾有一位八岁的小孩来精舍小住，他在一本佛教故事书中读到西方极乐世界有"八功德水"后，就常常吵着要人带他到西方极乐世界。平时，这个孩子饭吃得很快，但是只要妈妈在场，就吃得慢吞吞的。有一天妈妈来看他时，顺便留下来一道用餐；在我吃完饭时，这孩子还剩下半碗饭。一看到我起身准备离开，他便赶紧拿起桌上的茶水倒在碗里搅一搅，唏哩哗啦很快地就吃完了，还告诉妈妈："这就是八功德水！"这个比喻十分贴切，也是一种禅机。孩子只是看见书上写的"八功德水"，就时时放在心中，这时忽然说了出来，是不是很契合呢！

所以，佛法就是这样，在大人听起来具有很深的禅机，然而孩子拿来应用却是很浅白的。"浅"的用得好，就是"深"；"深"的只要愿意用，不会很困难。

经文中佛陀这段教诲，是要我们不可轻视教法、分别法的深浅。只要适合自己的根机，就是有用的法；如果不合根机，即使是圆教或顿教，对他也毫无助益，就像没有牙齿却要咬很硬的糖果一般。所以，不论任何教法，只要应机，再善加运用，都能获益匪浅。

佛陀的言教，不出权与实二法。"权"是方便，"实"则是直指明心见性的教法。不论哪一种方法，都是为了使众生能够真正透彻、了解真谛的道理。

因为众生自无始以来，受到世间迷情所遮蔽，因此，佛陀不得不用权巧譬喻的方式来引导众生。就像前一章提到的那位国王，如果那位祖师是用"直指明心见性"的方法，国王就无法了解；所以，他只好用事实来证明，这就是"权"，也就是"方便法"。

佛陀的教育也是这样。由于直接讲高深的道理，很多人将会无法接受，所以用比喻的方式来说明世间种种事物的道理，这就是"以事得理"；实就是理，权就是事，用"事"来比喻，让我们了解其中的道理。

但是，若一味地用方便法来教导也不行。所以，等众生能够分辨善恶事相后，佛陀又进一步"开权显实"——拨开方便法，显扬真实法，让我们了解"人人都具有佛性"这个真理。

《法华经》中曾提到"佛以一大事因缘出生在人间"，什么因缘呢？就是为了"开、示、悟、入"，开启众生的心门，使众生获得安乐。因为众生的心门一向紧闭着，里面既黑暗又污秽。佛陀为了去除众生心地的黑暗，所以苦口婆心地说法，让众生能够觉悟，并引导众生脚踏实地躬身力行，进入佛法真正的教门。

佛陀观机逗教，不出下面四种方法——四悉檀，悉檀意译是"普施"之意。

（一）世界悉檀——佛陀既然化迹于人间，为了随顺众生的观念而讲种种世人能够欢喜接受的法，投众生所喜好，劝人为善，令人得世间正智。

（二）各各为人悉檀——众生有种种的根机，佛陀为了随顺众生的根机，而施以各别教法，使对方能够领受奉行。

（三）对治悉檀——众生的心理上，有三种大病——贪、瞋、痴。佛陀为贪心的众生讲布施功德，以布施来对治贪欲；若有瞋恚心，佛陀就为他讲慈悲、忍辱有很大的功德；佛陀为痴念重众生讲因缘聚散、精进智慧的功德。这就是对治悉檀。

（四）第一义悉檀——这是实教，也称圆教，佛陀直接讲述实相之理，引导众生入佛境界的教法。

总之，学佛不可轻视法是大或小、是顿或渐；不论什么教法，只要契合，都要好好专心一意地推究。因为每一种教法都可以对治众生的心病，引导众生入门，所以不可轻视。

学佛不可轻视法是大或小、是顿或渐;不论什么教法,只要契合,都要好好专心一意地推究。

第四十章

行道在心

佛言：沙门行道，无如磨牛。身虽行道，心道不行；心道若行，何用行道。

行道贵在心行，若只是在表面上装模作样或是心不坚固，是没有用的。"沙门行道，无如磨牛。"佛弟子既然发心修行，应该要脚踏实地、专心一志地向道精进！行道若是不用心，就像终日在磨坊里推着石磨绕转的牛一样。古时候的碾米坊有很大的磨石，人无力推动又没有电力，所以借用牛力来推动它。磨牛一天在磨坊内绕了几百圈，用尽了体力，只知道一直磨、一直磨，却不知道自己在磨什么。

学道也是一样，如果每天只是以"身形"在拜佛、念佛，心却不虔诚、不专一，这对心的修养一点也没有助益。行道若只是这样，就和那头推着石磨的牛没有两样。

"身虽行道，心道不行"，学道人若是不用心修行，就如同进入一座宝山，却不懂得挖掘里面的宝藏，实在很可惜！

"心道若行，何用行道"，若能用心去实行，就不用去在意哪里有法会、什么是消灾。真正要修行的人，不必执著"一天要拜佛、诵经几个钟头才行"的念头；而是要真正实行教法，只要有这一分诚敬之心，也等于是时时刻刻处在拜佛、念佛中。我们的心和佛心合而为一，这就是敬佛；能依教奉行，就是真正在实行佛陀的教法。

我们身为佛的弟子，传承佛陀的教法，应该真正继承佛陀的精神；佛陀示现人间，为了佛教，付出了多么辛苦的心血啊！看看过去的祖师大德，他们抱着何等的精神，继承佛陀的志向而译经作论，为的是什么呢？为的是要教化未来的众生，一一洗除六道众生心中的毛病，使大家得到清净安乐。让佛陀的精神能够万世流传在人间，这是过去祖师大德作论译经的目的。

我们今天读经阅论，要依照经中的教法去实行，精进不退；如此，"身心平行道即隆"。希望每个人都能自我警惕，用自己的"德"去感化别人。所以孔子说："德不孤，必有邻。"只要你的道德修养够，自然会得到他人的赞叹与追随。因此，不要认为不差一个人——他"黑"，我也跟着一起"黑"，这是害己又害人啊！而且会成为教中的罪人，那就太可惜了。

曾有一位香港的居士告诉我说："我时常接到从台湾寄

来的佛教刊物，里面有许多篇章写得很感人。我当时就想：写这些篇章的人，一定是文学素养俱佳的修行人。"因此在他的心目中，很敬仰那几位作者。

有一次他来台湾，在一家素食馆巧遇某份刊物的发行人。那天，这位发行人正好宴请一些作者，就顺便向他介绍了四五位。然后，这位居士静静地坐着冷眼旁观，看到他们的言行举止后，内心感到很失望！他们又抽烟又喝酒，谈吐也不检点。而他们在刊物上所发表的文章，内容多数是在提倡佛法的威仪、精神和检讨佛弟子的言行；但是写归写，自己的行为却是一点也不知检省。

这样是不是很可悲呢？他们只是用文字来装饰自己，真正的学德却不够！因此那位居士看了，觉得这只不过是"纸上谈兵"而已，所以，他为佛教感到很伤心。

连一位居士看了这种情形都会感到难过了，何况是出家人，大家怎能不用心呢？所以，凡事都要由自身做起；就像一朵清净莲花般，长在污泥中却不受到污染，这才是真正清净的修道者。

看看过去的祖师大德,他们抱着何等的精神,继承佛陀的志向而译经作论,为的是什么呢?为的是要教化未来的众生,一一洗除六道众生心中的毛病,使大家得到清净安乐。

· 第四十一章 ·

直心出欲

佛言：夫为道者，如牛负重，行深泥中，疲极不敢左右顾视。出离淤泥，乃可苏息。沙门当观情欲，甚于淤泥，直心念道，可免苦矣。

这一章，佛陀教修学者要直心念道。"夫为道者"四句，形容学佛修行的人就像一头驮负重物的牛，走在坎坷难行的淤泥路上。平时驮着重物走在平坦的路上就已经很辛苦了，更何况是崎岖泥泞的道路呢！由于战战兢兢、疲倦不已，所以丝毫不敢左右张望。

"出离淤泥，乃可苏息。"等到走过这段淤泥路之后，才能够稍微休息一下。只要看过牛拉车的人都知道，车轮如果陷入淤泥中，一定要就着车行的力道，才能顺势拖出来；如果动作稍微迟缓一点，整个车轮又会陷入烂泥中。

人生的路也一样，是那么地崎岖不平。修行人走在不平坦的路上，尤其周围又充满了各种世俗情欲的诱引，如果不把"欲心之门"谨慎地关好,后果就不堪设想了!

身为佛陀的出家弟子,是荷担如来家业的人,行住坐卧、一举一动都是信徒们学习的榜样。如果做错了,信徒也会跟着错;而教法更是差毫厘、失千里,疏忽不得!所以,修行一定要非常谨慎,要保持忍辱负重的精神,努力精进。无论肩上荷担的责任是多么沉重,都不要畏惧,在恶劣的环境中,更要有坚定勇猛的精神,奋勇向前,直到烦恼断尽的时候,才能稍作休息。

"沙门当观情欲,甚于淤泥",学道人要观察情欲比淤泥路更加可怕。淤泥能使车轮深陷,情欲则会使修行人道心堕落。车轮陷下去,只要几个人合力一推,就可继续上路;一旦陷入情欲,就如掉落万丈深渊般,很难自拔。因此,学道人要慎防情欲。

"直心念道,可免苦矣。"我们若能直心学道,自然不会陷入情欲中,也就能避免造业承受苦果了。

例如佛陀在世时,有一次他外出应供,弟子阿难有事没能跟上,只好独自托钵。这时,阿难记起佛陀的教诫:不可到女人出卖色相的地方。

但是他又想行方等慈,因为托钵是为了让信徒有机会种福田。那些出卖色相的女人很可怜,她们过去生种了不好的因,今生才会遭受堕入红尘火坑的果报,现在如果再不让她们植福,未来不是更没有出离的因缘吗?于是,阿难生起慈悲心,决定到那些声色场所去托钵。

途中因为口渴而走到一处井水边,正好有个女子在汲水,阿难就向那名女子乞一碗水喝,喝完随即离去。

这名女子就是摩登伽女,她看到阿难的仪表庄严,不由自主地生起爱慕心。回家之后,日思夜想,阿难的影子一直在她的脑中盘旋,于是就请求母亲设法让她嫁给阿难。

摩登伽女的母亲虽然经营色情行业,却也很明理,她知道阿难是佛陀的弟子,清净不可侵犯,就劝女儿说:"不要再想阿难了,他是清净的修行人,我们不可扰乱他的道心。"但是,摩登伽女以死威胁母亲说:"我没有阿难就无法活下去!"摩登伽女的母亲为了爱女,只好不惜造业,请人以邪术咒语诱引阿难。

这一天,阿难又独自出外托钵,忽然间心识不知被什么东西迷住,竟不由自主地来到摩登伽女的住处,然后走入她的房里。当时,在精舍的佛陀知道阿难即将毁掉戒体,便赶紧派舍利弗前去救援,而精舍其他的弟子也不断地为阿难持念楞严咒。

就在最紧要的关头,阿难突然像被泼了冷水般地清醒过来。这时,舍利弗就带着阿难和摩登伽女一道回精舍面见佛陀。阿难一见佛陀,十分羞愧,痛哭流涕地向佛陀忏悔。佛陀并没有责备他,只是叫他进去沐浴。

阿难进去后,佛问摩登伽女:"你真的那么爱阿难吗?"她回答:"是的,我深爱阿难。"佛陀又问:"你爱阿难的哪一个部分呢?"她回答:"我爱阿难的全部。"佛陀听了,就叫弟子将阿难的洗澡水端出来,对她说:"这是你最爱的人身上洗出来的水,你把它喝了吧!"

摩登伽女一看,惊讶地说:"这桶水这么脏,怎么能喝呢?"佛陀说:"每个人的身体都是这么的污秽。不过,身体的污秽还可以洗涤,若是内心受到污染,就永远洗不净了!"摩登伽女听了,当下开悟,证了初果,便发心跟随佛陀出家修行,不再执迷于私情小爱。

由这则故事,我们可以知道:学佛人若是功夫尚未到家、意志还不坚定时,千万不可行这种方便法。内心稍有不正,就会像阿难一样,险些失去清净的戒体。所以,学佛要直心正念,要效仿马牛拉车的精神,谨慎地向前精进,不要有谄曲或过于自信之心。

修行人走在不平坦的路上,尤其周围又充满了各种世俗情欲的诱引,如果不把"欲心之门"谨慎地关好,后果就不堪设想了!

· 第四十二章 ·

达世如幻

佛言：吾视王侯之位，如过隙尘。视金玉之宝，如瓦砾。视纨素之服，如敝帛。视大千世界，如一诃子。视阿耨池水，如涂足油。视方便门，如化宝聚。视无上乘，如梦金帛。视佛道，如眼前华。视禅定，如须弥柱。视涅槃，如昼夕寤。视倒正，如六龙舞。视平等，如一真地。视兴化，如四时木。

此章分析圣者看待世间一切事物的眼光，和众生所见的有所不同；佛陀借此教导弟子要去除我、法二执。我们学佛，要学习以佛的眼光来分析宇宙间的物质，如此，道心就不会受到尘染。

"吾视王侯之位，如过隙尘……"等四句，指佛视世间的名利地位如同"过隙尘"——像日光透过门缝的光线，所看到的微细灰尘般微不足道；对于金玉宝器，也视同破铜烂铁、瓦砾碎石一般。在娑婆世界，金玉被视为珍贵之物，但是仔细分析后，它们和石头、土、瓦又有何不同？不都是由"四微"所成就的吗？

"四微"就是色、香、味、触之极微。凡夫视金玉为宝贝，是由于心对它起了执著而认为它可贵，这就是在"色"上起分别。另外，对于"香、味、触"也一样，都是由心起分别。

佛未出家前贵为王子，将可继承王位。但是，他却在荣华富贵中看透世间一切如幻如化，因而出家追求真理。

"视纨素之服，如敝帛。"纨素，是一种很轻柔细致的白丝织品，是布匹中最高贵的质料。一般人都喜爱穿华服，但是佛认为衣服只要能遮体就行了；上等质料和粗布衣服，两者功能并无不同，只是众生的心起分别罢了。

"视大千世界，如一诃子。"一般人认为我们所住的世界很大，但是，在佛看来，它就像一个"诃子"罢了。诃子是印度的一种水果，由很多粒果实结成一串。佛看三千大千世界，就如一串水果中的一小粒般大小。

"视阿耨池水，如涂足油。"阿耨池水被古代印度人视为宝池，因为除了可供人民饮水之外，池中还能产生黄金、钻石、红宝石及玛瑙四种宝物。

但是，对佛而言，阿耨池水就像印度人普遍使用的"涂足油"般毫不稀奇。由于印度的气候很炎热，人民很少穿鞋子，他们要在煎逼的土地上行走，大多会先在脚上涂上护足油。而阿耨池水和涂足油在佛的眼中也是平等的；但是对一般人而言，人人都爱阿耨池水而不珍惜涂足油，这都是凡夫的分别心。

"视方便门，如化宝聚。"一般学佛者很重视方便法门，但是佛看它只是化城而已。在《法华经·化城喻品》中，阐述佛想引导众生至涅槃境界，但是众生向来好逸恶劳，就像一位导师要引导人民到宝矿山去，但是，人民却因为疲倦畏苦，而不肯再前进。

佛就权巧方便地告诉大家："你们看，对面那座山就有宝矿，里面都是宝石。"众生一听，精神为之一振，看到宝山就在眼前，因而奋力向前。事实上，那地方并非真有宝矿，真正的宝矿还在后面那座山，这就是方便法门，用来激励众生向前行。

"视无上乘，如梦金帛。"一般学佛者认为"无上乘"是最宝贵的教法；但是对佛来说，有如梦中的金帛衣裳般虚幻不实。不管大乘或小乘，都是佛权化给不同根机的众生来依循的法门；如果能依此为目标努力去修行，自然能达到清净的境界。

"视佛道，如眼前华。视禅定，如须弥柱。"指佛视佛道如眼前花，眼前花虚幻不实；须弥柱也是缘聚所生之物，不生法执之心。

"视涅槃，如昼夕寤。"寤，是清醒的意思。迷茫的人，就像日夜都在睡梦中；而觉悟的人，时时都很清醒。因此，佛将涅槃界视为日夜都很清醒一般。

"视倒正，如六龙舞。"倒是颠倒，正是正见。人本来都有灵觉的本性，只因一念无明生起而迷失了，因此，称为"背觉合尘"。学佛者应该"背尘合觉"，去除污染，反观自省而与本性合在一起，如此意念才会端正。

佛视"倒正"有如六条龙在飞舞。舞龙时，虽然龙头、龙尾相互穿梭出没，但是都不出同一条龙身；同样的，迷与觉都是本性，只是一念无明而产生差别。就像一个人睡时忘了一切，醒时又能明白一切事物。众生心多分别，以为佛就是佛，凡夫就是凡夫，其实，佛与凡夫的本性相同。

"视平等，如一真地。视兴化，如四时木。"佛视平等如一踏踏实实之地，即一真法界。世间法与佛法在佛眼看来，完全是平等的。佛教导众生，有如四时草木之荣枯般：因缘到时就出现人间，因缘成熟即普施教化，等众生根机成熟、成就道果，便趋入涅槃，有如叶落一样。但是叶落并不代表结束，草木逢春后又会发芽，随时轮转不已，佛在人间的教化也是如此。

这段是《四十二章经》的结文，经文很明白地细述，佛观一切诸法即出世间法。佛陀要破众生的法执，而众生的无明烦恼大都由见解不正所产生，所以要先破除见解上的执著。对于事物不可起尊贵或轻视的心理，能够用的就是宝贵的东西。

学佛，不只对物质不起分别心，对佛法也不起分别心；因为大乘不能离开小乘的基础，而小乘也应该要进一步趋入大乘的精神，所以，不要起分别心。

在佛的眼中，纵使一颗细小的种子，也有很大的力量。像木瓜子是很微细的东西，但是，当水、土、空气、温度"四大"会合时，这颗极微的种子便能发芽，长成木瓜树。所以，"微"不是真微，它含藏着无限的力量，有这种体会就会有平等观。